思想觀念的帶動者

文化現象的觀察者

本土經驗的整理者

生命故事的關懷者

心靈工坊 |PsyGarden|

Caring

生命長河，如夢如風
猶如一段逆向的歷程
一個掙扎的故事，
一種反差的存在留下探索的紀錄與軌跡

你以為你在談戀愛，其實你在越級打怪

戀上病態人格者的自救與療癒之路

森女慈慈——著

目錄

第二部　療癒之路

【推薦序】

關於愛，我們依舊知道得太少

郝柏瑋／荷光成人性諮商中心諮商心理師、台灣開放式對話網絡創辦人

親密關係的關鍵祕訣，牽涉到一個人對於自己界線與情感需求的瞭解。我們能否在受到吸引、且對方外顯條件都符合自己擇偶標準的同時，在實際互動中觀察對方與他人互動的模樣是不是也符合自己預期？對方能否在進入關係之後，能與其他非伴侶關係的他人維持友善卻不踰矩的往來？對方能否在家人、朋友、閨蜜、伴侶關係都有照顧、陪伴需求時，依照自己的人生價值觀，既能維繫親密關係，又能平衡地回應自己與各方的需求？

這些能力不是天生就知道，而是要經過後天學習，且往往深受家庭經驗影響。可惜的是，我們從小到大的教育沒有戀愛課，沒有情感教育課，過度強調課業成就發展的結果，就是我們對於愛，對於在愛中的自己，以及在愛中的渴望、需求，常常一知半解。不認識自己的需求，也就不知道如何辨識對方，如此在某個機緣下進到親密關係中，就像是進入未知的森林，想必大傷小傷難免。如果又遇到一個在情感上特別擅長操弄的對

象，那真的就像是書名所說的「越級打怪」了。

試著用法國哲學家德勒茲（Gilles Deleuze）的塊莖圖式概念來做個延伸比喻：想像戀愛經驗就像是登一座山或是潛入一個地底洞穴，在裡頭會有許多抉擇、困難、無法回頭的單行道、死路、陷阱，也有壯觀美景或舒適的棲身地。沿途也會遇見很多不同的生物，有些從外觀就能分辨出牠有沒有危險，然而也很多是肉眼無法辨識的。因為牠們可能外表兇猛實則個性溫和，有些外型可愛但潛藏劇毒。在沒有經驗的時候，可能需要一段時間的相處，才能明白認識對方。在這樣的地方遊歷，最重要的就是你手上的地圖。如果這份地圖標記了多重的出口及入口，那麼這趟旅程雖然可能充滿挑戰，也能一直找到逃逸存活的路線。畢竟只要有一線生機，就值得繼續冒險下去。

然而通往出入口的路線常常被封死。哪些狀況封住這些路線呢？往往是某些過去人生經驗形塑出來的習慣與信念，像是：「我不可以求助，求助是脆弱的」、「我一定要負責到底」、「我絕對要讓他／她好看」、「我不能沒有他／她」……。我們的文化與教育擅長打造入口，我們求學、求財、求職、求子，卻往往沒有提示撤退的出口，容易讓人身陷退無可退的地步。

在書中，森女慈慈像是走入了一個巨型的戀愛關卡，她的戀愛對象是所謂「病態人格」者，在持續如海浪般擾亂情感的海岸線之際，也對她的生命處境帶來相當大的挑戰。目前心理學的研究讓我們知道，童年逆境對於一個人的成長影響很大。特別是在未成年時期，作為孩子的我們對於照顧者的狀態其實相當敏感，換言之，父母親如何回應挫折、如何面對壓力、如何解決衝突、如何調節情緒……，都會刻在腦海裡。孩童時期沒被滿足的需求，會在接下來人生中持續追尋。因此孩子長大之後，可能在意識上會知道要挑選「絕對跟爸媽不一樣」的伴侶，然而在關係中，那股對於照顧者熟悉的習慣卻在無意識中隱隱作祟，逐步驅使當事人到最後還是挑到了跟爸媽相似的人。總結來說，以溫柔的愛來包裝的控制與虐待，對於遭遇過童年逆境的人特別有吸引力，像是包著糖衣的毒藥。

森女慈慈在經歷一連串的感情衝擊與轟炸之後，試著重建自己。這個過程相當不容易，這有如颱風過境的災後重建，要將自己一點一點重新拼回來，並找到屬於自己的真相。即便揭露這些不堪的經驗令她感到羞恥、懷疑、否定、猶豫，而自己是教育心理學博士的身分，也令她會擔心這些揭露對於未來職涯、學生或其他尚無法預測的層面帶來負面影響。但書寫結果發現，真相不會減損力量，反而可以讓我們踩在更踏實的基地上向前邁步，重新找回自己的出入口。對於經歷長期關係虐待的倖存者而言，重新拾回內在正義是重要的，這也呼應最近法國的性侵害倖存者吉賽爾・佩利科特（Gisèle Pelicot）提出的口號「羞恥必須轉向」（Shame must change side），呼籲人們關注在關係中被虐待的經驗。這些不是受害者的錯，該感到羞恥的是明知道這些舉動會造成傷害，依舊不顧後果的加害方。

書中細緻描寫了森女慈慈的內在經驗與自身覺察，讓我們有機會更貼近在感情經驗中難以與外人道的創傷經驗，以及其復原的可能。我們可以看到森女慈慈生命中持續發著光的力量，不但為了自己，也為了其他可能遭遇到情感虐待的潛在受害者著想，因此即便拖著自己的疲憊與擔憂也要繼續下去。

願我們都與這股力量同在，找回自己內在的真相，也找到人生旅程的多重出入口。

謹獻給那些我愛的與愛我的人，
以及我所珍愛的女性同胞們。

作者的話

這是一本關於病態人格（psychopathy）與自我療癒的書。

我是一位教育心理學博士，從事暗黑特質與病態人格的研究，並且擁有專業的職能治療訓練背景。然而這本書的重點並不是要傳授給妳病態人格的專業知識，而在於告訴妳一個像我這樣，擁有醫療與心理背景的高知識女性分子，如何在遇到病態人格渣男，歷經一段荒唐又毀滅自我的愛情戲碼後，苟延殘喘地從地獄裡爬出來，重新站穩在地球表面呼吸的故事。

病態人格，或譯作心理病態、精神病態，按照表面的字義，指的是一種違常的、與大多數一般人不同的人格結構、心理或精神狀態。根據現代病態心理學之父賀維・克勒利（Hervey Cleckley），以及發展出適用於評量罪犯之《病態人格診斷表》（Psychopathy Checklist- Revised, *PCL-R*）的加拿大心理學家海爾博士（Robert D. Hare, 1980）道，「每一個人，包括專家在內，都會被這些人欺騙、操縱或是迷得團團轉。」（引自 Stout, 2005/2013）那麼，沒能即時辨識出眼前的危險情人不是妳的錯；

妳無須為自己經歷一場精心策畫的騙局而感到自責與羞愧。請讓我好好擁抱妳。

病態人格者在情感和人際互動上的特徵，包括膚淺的魅力、巧舌如簧、病態說謊、缺乏悔意。加拿大英屬哥倫比亞大學心理學教授戴洛伊·保羅斯（Delroy Paulhus）提出：病態人格是暗黑特質中的惡意之最（暗黑特質還包括馬基維利主義、自戀與虐待，合稱為「暗黑四特質」）；他們是一群毫無道德良知，為了滿足個人目的而衝動行事，並且對自身作為毫無愧疚以及罪惡感之人。病態人格也與性相關議題（sex-related issues）以及虐待（指透過傷害他人並從中得到愉悅感）呈高度正相關（Muris et al., 2017; Paulhus et al., 2020）。綜合上述，缺乏戀愛經驗的女孩子很容易在一開始被病態人格者的膚淺魅力所吸引，然而這個大說謊家總有一天會露出馬腳。即使謊言被揭穿，他們不僅不會對自身的行為（如出軌、雜亂的性行為等）產生愧疚或悔意，對於造成妳因親密關係受挫而產生的精神痛苦，他們同樣也缺乏同理心。甚至當看見妳眼眶裡的淚和扭曲的臉部表情時，他們內心升起的還可能是一絲愉悅。仔細回想，如果妳曾在親密關係中經歷上述令人難以理解的行為，那麼妳的他很有可能是潛在的病態人格者。他和妳就是不一樣。

病態人格帶來的親密關係創傷可以是延續很多年的。我所經歷的前任，行為上的荒誕完全顛覆了我的三觀以及我對世界與人性的理解；從一開始以為是天降的命定之人，到最後為他耗盡身心健康以至於失去自我和生存意願。在歷經生命暗夜的幾年間，我靠著頻繁的心理諮商以及各式各樣的自我療癒方法（如書寫、冥想、運動等）走出了這段困境。然而深知心理諮商所費不貲，以及社會大眾對心理治療的偏見與汙名化，並不是人人都有走進諮商室的契機。因此我將這段歷程從諮商室裡帶出來，希望陪妳走過一段因愛受傷的蠻荒，見證從創傷到復原的可能，透過自我探索歷程修復自己，並且再次相信愛的奇蹟。

本書的第一部記載了我與病態人格前任的故事；從相識相戀，到自我毀滅後重新站起來；妳可以從中看到病態情人行為和語言上的荒唐。本書的第二部記載了我做了哪些事情，好試著讓自己從這段病態的關係裡痊癒。本書的第二部也可視為一個重新尋回生命主權的歷程；因為要找回自己，所需聚焦的絕不再只是親密關係，更多的是向內探索，反思我與自己的關係。希望這些真金火煉的歷程，能陪伴妳度過那些為情傷心欲絕的時刻。若能作為引導妳走上屬於自己的療癒之路的種子，這本書的目的也就算達成了。

本書的其中一個特色是記錄了部分我與我的心理師的治療性談話，包括我們如何抽絲剝繭地拆解病態人格的套路，辨識其背後惡意又隱微的心理操縱，以及最重要的，我如何在這樣的歷程中更加了解自己：為何我離不開這段關係？我在親密關係中真正渴望的是什麼？我如何更加貼近並聆聽自己真實的內在聲音？以及最後，我該怎麼做才能重新拾回生命的主導權？

本書的另一個使用指南是在書中，我盡可能地使用當時最直接能夠反映我的情緒與感受的語言，提供一個能夠對照自身經驗的文本。如果妳覺得那樣的感受似曾相似，或是這樣的文字勾起了潛藏在體內某處的痛；不要懷疑自己的身體想告訴妳的一切；信任來自妳身體的真實感受，那是一種與生俱來、珍貴的自我保護機制。

即便經歷了一段慘痛的親密關係，我仍舊認為自己是幸運的。因著我所受的高等教育訓練，以及我所擁有的心理健康資源，讓我在這條路上有機會擺脫病態人格者的惡意控制。然而那些未能擁有相同資源的女孩，她們的痛苦有人聽見嗎？想到這裡，我就覺得心疼不已。那些在新聞裡被播放的房思琪們，還有韓國與臺灣的N號房事件；那些受了傷的女性要怎麼活下去？是否有人溫柔地承接她們的痛呢？想到這裡，我決定要為世界上的女性做點什麼。

我相信這是這個時代需要的作品，也是我為療癒自己走上的最後一里路。我期望這樣的經驗敘說能夠化為妳內在的勇敢，讓妳找到內在最真實的力量。儘管外面的世界是那麼險惡，而療癒的道路又遠又長；但唯有試著讓深藏的痛浮出水面，我們才能正視自己所受的傷，然後在彼此的陪伴下，踏上療癒以及自我完整的道路。揭露創傷的過程絕對不舒服，我完全理解，但希望這本書讓妳知道：妳並不孤單。如果妳在字裡行間感受到了痛苦、掙扎、困惑、絕望，那些都是真實的；如果妳感受到了正義、勇氣、溫暖與力量，那也是真實的。這裡頭有黑暗，也有愛。

那麼，我們就開始了。

第一部

故事是這樣開始的

他的眼神透露出一股柔情，
那是我從未見過的深邃。
我無法從那雙眼底判讀他對我們的感情是否堅定，
但我決定好好陪在他身邊。
他是那麼樣地惹人憐愛。
「我想和他共度餘生。」
至少當時的我是這麼想的。

1. 最完美的情人

「你喜歡我嗎？」我問。

他寵溺地看著我，摸著我的頭說：「全世界只有妳不知道，我有多喜歡妳。」

＊　＊　＊

和李政是在網路聊天室剛興起的時候認識的。那時的我十四、五歲，是在名校吊車尾的後半段學生，而他是能考上當地第一志願，卻選擇讀私校、學雜費全免的高中生。我對李政經常在網路上發表的文字魅力留下印象，為此還曾在自己腸枯思竭時請他幫我寫過作文。我知道後來的他交了一個可愛的女朋友曉曉。曉曉蘿莉般的穿搭風格在當時顯得大膽前衛。但對於有女友的男孩，我總是保持著適當的距離。

再次與李政重新接上線，是在我剛與上一任男友分手後不久。那年的我二十九歲，李政已超過三十。上一任在公司外派到海外不久後向我提出分手，在毫無預警的情況下我心碎了。李政在知道後二話不說驅車帶我前往我最愛的七星潭海邊散心，並體貼地為我守護一個能夠讓我獨自悲傷的空間。對當時毫無精神的我來說，李政貼心的舉動讓我感到窩心；他細心地照顧著當時脆弱的我。

那時的他也和曉曉分手了，不過仍和曉曉以朋友的身分維持著聯繫。雖然我是透過李政才認識曉曉，但我真心喜歡這個女孩，也被她陽光般的熱情給吸引。在他們分手後，我也和曉曉單獨吃過飯；我驚訝地發現即使不圍繞著李政，我和曉曉也有說不完的話。因為求學歷程和家庭背景相仿，我們聊著學業上的瓶頸、閒暇時的休閒娛樂，以及彼此對種種事物的看法和觀點。雖然是第一次和她的單獨聚會，話題卻一直熱絡、沒有間斷。在言談的隻字片語裡，我才了解李政和曉曉在一起十年的時間裡其實分分合合，並不像表面看起來那麼穩定；但我卻很少從李政的口中聽見曉曉。我想感情世界裡，總會有兩個人不足為向外人道的地方；但分分合合的關係，終究是要分開的。

＊＊＊

台北的生活很不容易。為了撐起自己的夢想，我一邊埋首在博士班繁複又龐大的課業裡，一邊打著三份工好維持生活所需的開銷。李政的出現為我的生活帶來了一絲得以喘息的空間。我們都喜歡高山；在空閒之餘我們經常開著車到山裡呼吸新鮮空氣。我很喜歡大自然，認為大自然能讓人感到平靜、帶來療癒。喜歡接觸大自然的人，心裡也有一塊純淨的地方吧？我很高興李政和我有共同的興趣；這是長遠關係必備的基本條件。

我也喜歡聽他講著那些我從沒聽過的，豐富、有趣的生活經驗和常識。從他口中，我接觸到了許多我從未接觸過的領域，彷彿一個全新的世界就在我的眼前打開。他說他的夢想是有一天要前往與那國島潛水，探詢沉沒在海底的古文明遺跡。對於神祕事物的探索，李政也和我一樣充滿熱忱。有的時候我們也聊宇宙和人生；李政總是對人生有著許多稀奇古怪的見解。我喜歡他笑得單純像個孩子。他總是告訴我，我是少數能夠理解他的人。我是可愛的。

我喜歡和他一起的生活。週末的時候我們經常待在李政的住處。他煮飯，我洗碗；他洗衣，我曬衣。就像一般的情侶一樣，我們也會一起去採買日常生活所需。我們經常搭配日劇吃完一餐；從刑事偵探劇、時代劇，到畜牧養殖為主的動畫；那是我最大量接觸日劇的時期。李政總是興味盎然地著迷於各種劇情和小說，而我希望兩人之間的感情能更加親密。我不介意陪伴他度過這些時光；我想從這些相處裡面更加了解他，好知道自己如何配合與調整，讓兩個人的感情生活更加融洽。軍旅生活似乎相當無趣，他活潑、好動的靈魂需要大量、豐富有趣的刺激才能充電。他似乎總是停不下來。當然，還有美好的性生活。我告訴他，希望他能在結束後抱抱我或親親我，而他也照做了。在他的懷裡，我感到心滿意足。有時候我們會一起打掃家裡，在乾淨的地板上跳舞；澆澆花、餵餵魚、逛逛他喜歡的水族賣場，都是我們的生活日常。我覺得那好像就是一個幸福家庭該有的模樣。

＊＊＊

我想憑藉自己的能力撐起我想要的愛情，然而經濟條件上的懸殊，讓我總是擔心著自己在生活上對他有所虧欠：我無法帶給他相同條件的物質享受，當時的我只是學生而已。李政對此不以為意，告訴我現階段我要做的就是好好念書；那些付出的金錢他並不在意，因為他在當中也有所獲得。於是我享受著一次次的美食和旅行帶來的全新感受和驚艷。我的原生家庭經濟條件並不差，然而李政在對我出手上的闊綽完全拓展了我對金錢運用的認識，遠超出我的原生家庭所給我的金錢價值觀，以及金錢所能帶來的自由。從他身上，我似乎能擁有一種新的生活方式，美好且富足。他說他在短短的時間內對我的付出多了更多，似乎有愧於交往十年的曉曉。我則在心裡暗自竊喜，彷彿我值得的愛，比另一個女人多更多。

在交往不久後，李政向我提出了在台北另覓租屋處的想法。原先只能容納我的單人空間似乎顯得不足；一只雕花床頭板的單人床鋪、三人共用的衛浴、無法開伙的限制；然而我們卻如此熱愛家庭生活。我承接了他的意願，開始另尋他處，同時期望自己能給他一個溫暖的家。李政的家中除了水缸裡游泳的魚外，總是空蕩蕩；他說他討厭一個人孤單，總是睡在沙發上；但至少這裡還有我，能給他溫暖。

很幸運地我找到了完美的租屋處。離學校近、有獨立陽台、衛浴和洗衣機，全新雙人系統櫃、冰箱和雙人床，但價格也是翻倍！我興奮地告訴他我找到了很棒的套房，同時也透露了對房租的擔憂。「我知道你是為了我才換房子的。所以我會付一半。不用擔心錢的問題，直接簽約吧！」隔天，我在自己的帳戶裡收到了一筆上萬塊的款項；那是為期半年的房租。我愉快地簽下合約，並為自己即將能夠給李政一個完整的家雀躍不已。李政願意主動負擔房租的舉動，不著痕跡地為我保留了我好強的自尊，也消融了我在這段關係中因經濟條件上的不對等所衍生的焦慮。在那個我尚未能獨自撐起的夢想裡，他願意一同配合完成；為此我由衷的感激。於是在台北，我們也擁有了自己的家。

＊　＊　＊

我們開啟了往返台中、台北的同居生活。平時我忙碌於課業，他則留守在營區。假日時我們一同出遊；我們的放假時間都很彈性，因此總是能避開旅遊景點的擁擠人潮，享受有品質的旅行時光。在用錢上，他總是對我慷慨大方，換來的是我更想用完整的愛來回報他。除了工作和業務所需的交流外，李政的朋友屈指可數，好友則以女性居多。雖然任職軍官，李政並不是不修邊幅的鋼鐵直男；和我同為心理專長的背景，但李政的性格有更多陰性特質：性情溫和且敏銳細察。知道我對他和女性友人交流頻繁的擔憂，李政帶著我認識了他的朋友和同事們，並大方地介紹了我的女友身分，消彌了我對他交友狀況的疑慮。在社會地位上，我是他名正言順的女友。

狹窄的交友圈意味著我們有更多的時間和彼此膩在一起。在他身上，我獲得了前所未有的關注；無論討論些什麼，在這裡，只要我們彼此溝通好就好，沒有太多的外來因素——像是雙方的家庭，或是可能佔據彼此約會時光的社交活動等等——得考慮我沉浸在與他的兩人世界裡，心想，這是否就是幸福的模樣？對於能夠擁有這樣的生活，我很感激。

＊＊＊

在這樣魔幻般的幸福時光裡，一切都來得剛剛好。

他符合所有我想要的理想情人條件：長相ＯＫ、有車有房、性情溫和、談吐風趣，並且不吝惜帶著我到處遊歷、品嘗美食。他明白我在親密關係中的不安；於是調整著自己的行為照顧我的需求，並實現了我對幸福家庭生活憧憬的渴望。我告訴自己，一定要好好把握才行。

我想就是他了吧。

2. 前女友的影子

「但有件事我想先告訴妳。雖然我和曉曉分手了，但她在我心中還是有著很重要的地位。如果她和我聯繫，我可能會以她的需求為主。」

「好。」

＊　＊　＊

儘管潛藏著前女友的危機，我還是允諾了這段關係；因為我不想放棄和他一起的生活，況且我們才剛開始而已！我盡可能地展現自己的大方，並對李政和曉曉十年可能已形同家人般的關係表示尊重。根據李政的說法，分手的癥結點在於當時曉曉遲遲未能畢業，而他對這段關係遲遲未能進展到下一個階段感到心煩不已。然而我明白曉曉的處境，博士學位豈是一件容易之事？我完全能體會曉曉的壓力，並慶幸自己並未擁有如此困境；當時的我即將成為博士候選人，在取得學位的路上一切都如預期地按部就班進行著。我暗自竊喜；他的擔憂在我身上一點也不是問題！我提醒著自己不要步上曉曉的後塵，讓這段得來不易的感情無疾而終。剩下的，我們兩個人可以慢慢磨合。

即使不確定未來會如何，我會努力，也有信心自己的溫柔和耐性可以經營好這段關係。

我才不會輸。

＊　＊　＊

然而在美好的日子裡，總是會出現不尋常的小徵兆，挑動著我的神經。好比在快樂出遊的早晨，我在副駕駛座的車門上發現了一張曉曉的精美照片。我隱隱地覺得自己的位置被侵犯了，心裡蘊藏了些怒火，卻略帶撒嬌地向李政表示希望他將照片拿掉。李政照做了，並解釋自己因為很怕寂寞，所以才將照片放在那，好像她還在這裡陪著他一樣。我默默地點頭表示知道了，心裡對這樣精神上的藕斷絲連感到不安，卻也暗自下了決定：我絕對不再讓其他女人靠近他。

為了不讓十年的陰影繼續糾纏，我對這段關係更加用心，督促著自己需要多花時間陪伴他才行。只是生活中似乎怎麼樣也甩不開曉曉的影子，有時甚至感到李政的行為似乎越了界。像是在一次性愛之後，李政告訴我，這是曉曉最喜歡的床單、那是和曉曉一起用過的保險套品牌。類似的話語像雷擊般大力地打在我的臉上，我感覺到自己被羞辱了一番。這個男人，真的愛我嗎？在和我發生關係的時候，他真的在場嗎？還是他心裡仍想著曉曉呢？

「我畢竟跟她在一起十年，妳不能要求我把所有她用過的東西都換掉吧？」李政的口氣充滿了玩笑的意味，好像一切都只是我大驚小怪。可是我真的覺得好不舒服。是我太敏感了嗎？

＊　＊　＊

最後在我幾近翻覆的鬧騰下，李政確實將家中許多東西撤換掉了，包含床單。我似乎應該為自己的「抗議有效」感到高興，或是為李政願意因為我的要求而做出相應改變而感到欣慰，但我絲毫感受不到放鬆或喜悅，甚至無法將李政的行為稱之為「體貼」。我感覺自己好像在跟一個看不見的東西拚搏：那是前女友的影子。

另一件令我擔心的事情是，李政對「腿」的迷戀。戀物癖背後代表的是某種隱含的、與性相關（如喚起性慾）的心理議題；而穿著制服短裙、洋溢著青春活潑氣息，如初春粉嫩桃花盛開般的日式美少女形象，確實對李政有股魔幻般的吸引力。即使對這樣的喜好存疑，我試著接納李政的偏好，說服自己這或許只是男性的常態，說不定也是我能夠著手與之培養性關係上親密的地方。只是，在分手後仍將前女友的腿照設為電腦桌布，是不是有些不尋常？第一次我被那樣的照片衝擊著：那是一張穿著紅黑交錯格子短裙的照片，略為張開的雙腿上穿著李政最愛的膝上襪，露出最讓之迷戀的絕對領域。我對此默不作聲，因為我不是那樣形象的女生，而曉曉是；我因而感到自卑，擔心自己並非李政真正喜歡的模樣。同時那樣的照片挑戰著我的道德和價值觀；我不敢拍下那樣的照片，因為那對我來說是羞恥的。就我認識的曉曉來說，我不認為她會拍下這樣的照片，只是為什麼呢？我開始意識到自己與李政的交往關係可能和一般的情侶不同。這個男人，真的適合我嗎？

即使感受到這段關係暗藏的危機，我仍然希望自己的努力和用心能夠獲得他的肯定，證明自己堅實的愛足以感動他，讓他將情感的重心聚焦在我身上，讓我們的關係能夠在人生的新階段有鮮活明亮的開始。我安慰著自己，沒事的，曉曉只是過往的影子而已。我可以克服的，那不是真的。

＊ ＊ ＊

然而生活中不斷爆發的微小事件讓我越發困惑。好比李政在我不知情的情況下答應載其他女子從台北返回中部，又或者是突如其來地向我坦承在一次我答應他與曉曉出遊的夜晚，他和曉曉發生了性關係。層出不窮的事件接二連三地刺激著我緊繃的神經。我是否應該為男友的「誠實」告知感到欣慰，即便每每被揭露的不堪事實必然造成我的痛苦？我不知道未來還會有多少未爆彈，能夠將我在毫無防備的情況下炸碎一地。我感覺到自己的地位有一天終將不保。我試著向李政表達了我的痛苦，並提出分手，卻換來李政的跪倒在地哭喊著他不願意。我看著眼前這名聲淚俱下，口口聲聲說著他有多想和我在一起的男子，竟感到不知該如何是好。他是不是病了呢？我該怎麼做才能讓他意識到他的行為，正在扼殺我們的親密關係？

我的大腦開始被這段關係佔據；到底為什麼會這樣呢？對於李政許多令人費解的行為，我都找不到解答，唯一肯定的事實是我的身心在終日困惑、爭執與和好的循環中反覆被消耗著，原先對經營感情的自信也不見蹤影。在情感上我飽受不知李政何時又會為我帶來「驚喜」的恐懼和折磨，理智上則不斷思考該怎麼做才能讓我們的關係有更健康的發展。

但，問題到底是什麼呢？我到底哪裡做得不夠好？李政和其他女子間隱形的連結似乎始終切不斷；如果要說是明顯的情感背叛倒也說不上，但就是那些幽微的不對勁讓人感到心慌。我開始不停地懷疑自己，覺得自己在這段關係裡「女友」的角色定位變得混亂，同時也開始害怕失去這段關係。

不只是前女友所帶來甩不掉的陰影，很快地我又遇上了新的挑戰。

3. 十七歲的第三者

在一日週末的早晨，我與李政喝完咖啡，正打算結束ＩＫＥＡ的行程返家時，我發現李政稍早在臉書上的貼文，下方有一則新的留言。

「咖啡沒有我甜。」

我皺了皺眉；這輕佻的語氣，是怎麼回事？

我順勢點進了頭像，發現對方是正就讀南部某高商的少女。女孩的外型亮麗、笑起來很甜；這樣的外貌特徵刺激了我的神經：長久以來我認為自己並不漂亮，也沒有身材優勢，在浪漫關係的起跑點上，我覺得自己已落後他人許多。我想著少女尚未成年，而李政是現役軍官，就算有所互動應該也不至於太誇張，於是告誡了李政注意自己的言行。李政表示少女只是網友，也答應我不會與少女過從甚密。

＊　＊　＊

然而少女和李政日日在臉書上互動，讓我感到不適。不僅如此，雙方語帶挑逗意味的對話，更讓我感到不對勁。這樣明目張膽、互通款曲的曖昧語言，令我的情緒終於爆發，要求檢視李政與少女的對話紀錄。不看還好，一看差點沒暈倒。對話裡盡是腥羶色，各種充滿性暗示、性挑逗的文字，露骨地展現李政對少女的愛與渴望。我震驚到說不出話；這樣的內容絕對足以構成性騷擾；一旦上呈到上級單位，影響仕途的可能性是有的。對方只是個未成年的孩子，李政既是軍職體系出身的軍官，不可能不知道事情的嚴重性。難道他一點都不害怕？

儘管我多不願意承認，擺在眼前的事實清楚地說明了李政的行為違常。任何具有道德意識的良善之人，都不會對一個未成年少女投以如此大量性暗示的語言，而這個人卻是我的親密伴侶。李政信誓旦旦對我說，自己絕對沒有犯下任何足以踩到法律紅線的行為；然而遊走在道德邊緣的行為，已經挑戰到了我的極限——不論是作為教育工作者或是個人的良知。是啊，身為正職軍官，李政怎麼會不了解怎樣的行為站在觸法的邊緣？然而他卻足夠聰明，巧妙地運用曖昧的言詞誘惑情竇初開的少女，以「愛」包裝著自身行為的不當。

我瞠目結舌地盯著李政為少女起的愛稱，並發現了他的帳號有從少女居住地登入的紀錄。李政向我否認自己曾南下找少女出遊，事實卻是將自己的臉書帳密全數提供給少女，讓少女可以自由觀看。共享帳號明顯是情侶才有的行為，但我認為感情的基礎是信任，因此從未要求李政與我共享隱私；而今，他卻毫無保留地將自己向少女開誠布公？

想到我苦心經營、呵護備至的親密關係，居然如此背地裡受到破壞，我情緒崩潰，同時心裡響起一個聲音：這是一個需要處理的狀況。那是來自我專業的判斷。

＊＊＊

這是一個需要專業處理的狀況，棘手的程度已不是一般人能掌握的了。李政的行為很明顯已超出道德規範，同時也跨過了親密關係的界線。在我的嚴厲要求下，李政和我一同前往諮商。我想要證明自己沒瘋，是他的行為出錯了；這一切都有很大的問題，到底該怎麼做才能讓我們的關係重修舊好？於是我、李政、我的個管師和心理師，四個人一同坐在小房間裡相望。我想要讓和我工作多年，也非常了解我的兩位資深心理師看看眼前這個男人；他們必定能看出一些我沒能看到的端倪。李政在心理師的見證下將臉書帳密改了，然而我深知，這只是換湯不換藥而已；現代人能夠在網路世界裡創立無數個身分，少女也是。若是再發生一樣的狀況，也不過就是坐實即使存在著第三方見證的社會壓力，李政仍然可以不把承諾的行為約定當作一回事。我質問李政，少女是否知道我的存在，想知道少女的心思究竟是蓄意或是無知？李政這才告訴我，他並未告知少女自己已有女友。

我心裡打了個寒顫：女孩，是被蓄意置入「第三者」角色的，而這樣蓄意的欺瞞來自眼前這個對少女投以大量性與愛誘惑語言的男子——我的男友。細查後發現，李政在與我交往後不久就開始與少女曖昧，這不禁讓我心想：這個女孩在毫不知情的狀況下投注了多少心力在這段關係裡？隨著時間不斷拉長，少女的沉沒成本只會越來越高，我想到此，不禁不寒而慄：背後這一連串對少女的設計與操縱，居然來自那個對我投以最溫柔的語言和懷抱的男人——那個哭倒在地說多麼想和我在一起、不願意分手的男人。

我做錯了什麼？

＊　＊　＊

我的大腦開始忙個不停、處心積慮地思索該如何收拾眼前這不堪的局面。如果說我們三個人之中有誰能夠妥善處理眼前的狀況，想必是在道德行為和社會期待都符合常規的我了吧，況且我的身分還是正牌女友，處理起來名正言順。作為女友，感情被侵犯當然憤怒；然而這股憤怒卻遠不及知道自己的男友正在網路上誆騙其他無知少女來的震驚與混亂。

可是我眷戀著他對我的好，以及我們一同生活的美好回憶，我不想分手。我們的生活和感情明明都很好的，**到底哪裡出錯了？我到底哪裡還做得不夠好**？是我在性上無法滿足他的性慾或性幻想？還是我不夠溫柔體貼？我該如何讓少女知難而退？我知道我的男友可能有問題，而這個問題可能不是一般人能夠解決的；這麼複雜的情況，未成年的少女不應該在這裡；至少我還有我的醫療專業跟心理資源可求助，至少我還可以找到人幫忙……

＊　＊　＊

從精神職能治療的角度來看，李政一直缺乏生活的目標：仕途升遷的大限在即，生活中也沒有足夠的支持系統；若再因此失去生計，恐怕對其身心狀況不利；這是作為女友的我，為他的最大利益所作的考量。留在軍方體系，李政還能受到一定程度的行為牽制；若是失去軍法規範，還諸社會，我不敢想像他的觸角會伸到何處，雖然專業軍官的身分同時更有利於他塑造「正直、充滿男子氣概」的形象，有利於他交往其他女孩。這是一個兩難的情況；想著他尚未繳清的房貸跟可能受挫的職涯發展，我不能通報；我想要保全他，因為他是我的親密伴侶。

那少女呢？從少女這邊處理的可能？我知道少女就讀的學校，那麼我是否應該去電通知輔導室，告知貴校學生正遭到疑似網路誘騙的行為，並請學校通知其家長留意呢？然而事情若是在學校不慎傳開了，怎麼辦？青少年捕風捉影、群起效尤的群眾力量是非理性的；若少女因此遭受同儕異樣的眼光和壓力而傷及自尊，該怎麼辦？她才十七歲啊，沒必要在這裡就被標註上人生的一筆吧！但萬一，學校不受理呢？我到底該怎麼做，才能讓少女全身而退，不讓彼此成為這個男人感情玩弄的犧牲者？

* * *

思考多日後，我選擇私下與少女的家人聯繫。但事關少女的名聲，知道的人越少越好。我瀏覽著少女的臉書好友，鎖定了兩位與少女同姓氏的女性長輩。我想，好好地說明我的來意，盡到告知的義務，如此能讓少女家人知情，好保護自己的孩子遠離危險的網路交友；這樣的衝擊或許好過家長被學校通知到校說明，也比較和緩。很快地，我和少女的母親，以及家庭中的另一位女性教養者，少女的姑姑，聯繫上了。在得知我的來意後，少女母親緊急地召開了家庭會議，與家中女性長輩商討著該如何處理這個狀況，但暫且不讓少女的父親知情。據了解，少女父親的性格較為暴躁，若是知道自己的女兒成為介入別人感情的第三者，恐怕會反應過度，造成更激烈的家庭紛爭。

我對少女家人的做法表示尊重，同時也察覺這個家庭和我的一樣，有一個脾氣暴烈、一遇到事情就容易反應過激的權威男性。考量教育的界線，我認為由監護人進行管教是比較適合的做法，畢竟我成年女性的身分極有可能對少女形成壓迫。另一方面，作為情感被越界的高知識分子女性，我驕傲的自尊不允許自己和少女平等對談。我想要盡可能維持自己的理智形象與心理地位，避免自己將狂躁的憤怒噴發到少女身上。

此刻我一心想著得盡快將少女從這段關係中移除。我想，去除掉感情裡的雜訊，我和李政才有可能直面我們之間的問題。雖然，我甚至搞不清楚問題究竟是否因我而起，但心底卻盼望這只是他一時意亂情迷，希望他或許只是在網路上作言語挑逗，並沒有實際做出什麼踰矩的行動……但那樣就可以接受嗎？我真的能接受自己的伴侶是這樣子的人嗎？

即使一方面想方設法的安慰自己，我仍舊無法抑制對李政產生蔓延的不齒。如果我們之間真的有什麼問題，作為成年人應該好好和彼此溝通；若溝通未果，理性、和平分手，也是一個選項。然而實情卻是，在我未察覺到這段感情有何異樣之際，李政早已將浪漫關係的動力曲線抛向第三者。李政在親密關係中的態度和行為，不成熟得就像是個少年；成年人該有的負責行為態度，以及成熟的感情價值觀，在他身上統統沒有，彷彿他在少年晚期後就停止了發展似地。回顧我和曉曉都是在十來歲的年紀認識李政，而現已三十好幾的他，仍舊需要十來歲的年輕女孩作伴。一個停留在青少年晚期的成年男子，跟一個現齡青少年的女孩，所建構出來的愛情氛圍，大概就是永遠青澀、美好的迷幻，且無須醒來吧。我深知這樣的性格特徵並不利於培養成人長期、穩定的親密關係，那麼少女呢？她有可能在這樣的他身邊獲得幸福嗎？還是這一切，純粹只是因為他不夠愛我而已？

* * *

少女母親對我的主動聯繫表達感激，而我對於他們能夠確實重視此事感到欣慰。幸好這不是一個坐視不管的家庭。我感到鬆了一口氣。少女母親透漏，少女是家中唯一的掌上明珠，家中長輩都很疼愛。從網路上的公開資訊來看，少女擁有音樂和文字上的天賦，外貌出眾，自然也不乏同年齡的男性圍繞。眼下少女就要高三，少女家人與我都希望她能好好準備考試，為自己的夢想努力，遠離病態渣男的糾纏。據了解，少女和我一樣有著台北夢，我樂見未來的她擁有自信的光彩，從偏離的軌道重新開始，並在不久的將來擁有美好的愛情；一段不需要做第三者的愛情。

＊　＊　＊

我和少女母親達成了共識；她們會對少女嚴加看管，而我則必須留意李政是否仍有不當的行為。我鬆了一口氣，以為事情會就這樣結束。然而在我與少女母親聯繫後數日的某個傍晚，正當我挽著李政的手走在回家的路上，他突然對我問道：

「為什麼要去騷擾對方的家人？」

我試著維持自己的臉部表情，但不確定自己臉上露出的是笑容，或是因東窗事發而導致的一臉不協調。李政瞇著眼睛看著我，眼神裡透露出一股勝利者的驕傲，彷彿在告訴我，一切都在他的掌握之中。看著他的雙眼，我察覺到自己已經因事跡敗露而感到不安，頓時也意識到，在和李政交往以來，我從未看過他在任何一次因謊言被拆穿或是違反約定後，產生如同我一般的、不安與焦躁的反應。**究竟是他是對的？還是我真的做錯**

了？

「對他們家人來說，或許你才是騷擾。」我試著沉住氣，用力擠出一些看似理性的文字。

「你知道她是怎麼看待自己父母的嗎？這樣做只會讓事情變得更複雜。」從李政的口中，一個與我從少女母親身上感受到的不同的家庭樣貌被揭露了，想必是少女告訴他的。但我並不在意；我也經歷過青少年時期，在課業壓力、同儕關係、生涯發展夾雜、交錯著自我認同和角色混淆的混亂時期，對於父母的管教經常感到不滿，親子關係也容易在高張的情緒衝突和橫衝直撞中度過。

「她怎麼看待她的父母我不在意，重點是她未成年，她的父母有管束她行為的責任，你不要再涉入別人的家庭管教方式了！」我感到惱怒，為什麼我得解釋這種一般人都懂的、最基本的行為規範？

「答應我不要再打擾她的家人了，好嗎？」李政希望我做出承諾。

我默不作聲。

＊　＊　＊

然而在少女面前，李政又完全是另一個樣。

「為什麼妳們都對我這麼好？妳怎麼可以這麼喜歡我？我都這樣子讓妳難過，妳還對我這麼好幹嘛？」他的語氣好像充滿了悲傷。

「我會再慢慢跟妳說，沒辦法用寫的或打字，因為我想看著妳，親口跟妳說明這一年來發生的事。但可能需要很久、可能再也沒有機會，我要先照顧好需要被我照顧、被我傷害很深、痛苦到快不行的她。對不起，雖然很喜歡妳，但這個時候我還是要以她為優先考量，對不起。」

好你個戲精。很深情又很委屈是吧？

「我只是不希望你為難。」女孩說；「我會自動退回朋友的角色。」

他無助又荒謬的語言得到了少女寬容的安慰，上演著一場愛別離。看著這樣的文字，我心裡發出怒吼：看看你到底讓一個未成年的女孩說出了什麼？

「妳先好好準備考試，等妳畢業我就去找妳。我想要好好看著妳的眼睛，跟妳說明這一切。」

「嗯，我等你。」

＊　＊　＊

「等妳畢業我就去找妳。」這句話讓我心頭一驚：這一切還不會結束。即使少女家人已將李政視為毒瘤般的存在，但我明白這句話可能對少女產生的威力；那不該給的承諾讓少女產生了希望，讓她相信未來的可能。

我知道，他不會放手。

我感到一陣頭暈目眩。少女無償的信任讓我感到心痛，李政情聖般的主宰式語言則讓我倍感噁心。作為這段關係裡尚有理智的人，我實在無法看著這齣鬧劇繼續下去。女友的身分此時成了雙面刃；一方面讓我順理成章成為李政和少女不當關係的制衡者，另一方面，卻也將我滯留在這段三人行的關係裡，令我苦不堪言。然而我知道，一旦放手，正值青春期的衝動少女肯定飛蛾撲火般與李政雙向奔赴；我的眼中閃過了她即將成為我的影子的畫面。這段關係裡的線已經太複雜了，有前女友、有我，有第三者，還有那個令人摸不透的男子。

4. 無止盡的謊言

儘管這段關係已裂痕斑斑，我依然留在裡頭制衡。想到李政可能和少女發展的未來，我無法離開。隨著情況越來越複雜，我感覺到這段關係勢必會有結束的一天，但我希望在那之前，眼前的鬧劇能夠先停下來。我明白我阻止不了未來可能再度在社會上任何一個角落發生的相同事件，但至少阻止我眼前這個。我希望她盡快離開。我強壓下所有混亂的情緒，繼續尋找可能的解決之道。

因為一再破壞與母親的約定，少女父親最終知曉了李政的存在，也嚴正地警告李政勿再接近自家女兒。少女受到了家人的保護管束，也允諾會退回朋友關係。我應該可以相信她吧？我暗自鬆了口氣，也重新燃起對關係的希望：我渴望那個曾經對我溫柔、實現我理想家庭生活的伴侶回到我身邊，即使此刻他看起來是那樣遙遠。我試著繼續扮演溫柔體貼的女友，試著讓關係回到原點，並且嘗試說服李政接受諮商或心理治療。

我試著努力地在破碎的信任裡重新建立感情。只是在舉手投足間，我漸漸感覺不到自己。

平靜的日子過了一些，直到。

＊　＊　＊

我們愉快地在家裡準備晚餐，就像以前一樣。李政出門買烤鴨，而我在家裡選擇今晚要搭配的日劇。此時的我已充分掌握了李政的各式社群媒體帳密以及雲端空間；對於必須如此共享著他的隱私，我感到抱歉，覺得自己就像是個極度缺乏安全感、易受傷害又性情暴躁的女友。誰會愛這樣的我呢？我譴責著這樣的自己，卻無法克制自己不去抓住那能夠讓我感到一絲安心的氧氣。李政對於被限縮的自由並未強烈反彈，淡淡地表示只要能讓我安心就好，只是這樣的反應更讓我覺得自己就像是他生命中的累贅——我不再是那個充滿愛並且能夠帶給他快樂的女友了。我過去的美好、善良，似乎已全數崩盤，現在的我只是一個極度缺乏安全感、又需要他時刻關注的無力之人。只要他一不在身邊，我就彷彿能感受到逐漸窒息的空氣，像是溺水即將死去的嬰兒。

＊　＊　＊

好奇心的驅使下，我點開了李政的雲端空間。然而就像過去一樣，那些隱藏的事實再度無情地轟炸了我的腦袋。那裡有著一個少女名字的資料夾，點開後裡面是大量少女一顰一笑、少數穿著制服的生活照。然而最後一張讓我腦袋空白：一張李政在自己家中，站在廚房燈下滿臉笑意的照片。

那是少女幫他拍下的照片。他居然把她帶回家，並且留下了紀錄！我的腦袋簡直要爆炸。那個當他留守在營區，我前來澆花、餵魚、打掃、收信，好好守護著的那個家，他卻在我不知情的狀況下帶著少女回來。我的內在持續不斷地尖叫，整個人往看不見底的黑洞下墜……

＊　＊　＊

李政一進門就看見滿臉愁容的我，也發現了我所發現的事實。他試著一派輕鬆，但我情緒激昂。

「你把她帶回家？你居然把她帶回家？！」我滿臉是淚，聲嘶力竭。說好的不聯絡只是轉換了個場景，悄然孳生在無聲的網路世界，也在現實生活裡留下了紀錄。

「她說她想要上廁所，我就把她帶回來了。」李政平鋪直敘地解釋著，一如往常。

「上廁所？外面有多少地方不能上廁所？！有什麼理由非要讓你把她帶回來不可!?……你到底知不知道人家未滿十八歲？你為什麼要做出這種曖昧不明的事？把一個未成年的女孩子帶回家中獨處！你到底知不知道自己在做什麼！」

「我沒有對她怎麼樣。晚餐後我就送她回去了。」

＊　＊　＊

我應該要相信嗎？一個成年軍官帶著未成年少女回家獨處幾個小時，這裡面有太多可以想像的空間。然而他會愚蠢到不知道與未成年人性交媾就直接斷送軍旅生涯嗎？我想未必。但他顯然清楚知道如何讓自己的言行遊走在灰色地帶，並且在當中騰出對少女進行情感操弄的空間，無論是語言上或是身體上的。簡直太卑鄙！我試著深呼吸，說服自己不會的，他不會蠢成這樣。然而幾個小時的獨處時光，要發生各種親密的身體接觸也是綽綽有餘了。我不敢再想下去。

我再度像偵查劇一般核對著李政的近期活動史，然而我怎麼可能得到真相呢？原來，李政告訴我下午要開會的那天，其實是去高鐵站接了少女並帶她返回家中。我不再發現雙方在已知的社群上互動，原來是他們使用了無追蹤紀錄的軟體繼續緊密地聯繫著，而這個軟體當然是李政發現並告知少女如何使用的。

謊言，全都是謊言。

「妳可以不要跟她的家人聯繫嗎？她最近應該在準備考試，壓力蠻大的。我不希望這件事影響到她的心情。她說自己已經很努力準備考試了，可是她的家人還是不能諒解。」

他的語言處處透漏著為少女的著想，卻不想他才是讓少女名譽陷入危機的始作傭者。他完全不覺得自己的行為有錯，同時還大言不慚地對我提出違背良知的要求。我簡直要氣瘋。

＊　＊　＊

返家獨處的嚴重性在我眼中非同小可，必須盡快告知少女母親。我們不知道少女和他究竟單獨見面了幾次，花了多少時間獨處。他的謊言已經沒有多聽的必要，現下必須盡快從少女那邊了解情況。一旦性行為屬實，李政的仕途就到此結束，也必須付出連帶的法律責任；我暗自祈禱這些都不會發生，這一切都太誇張了。我也不解為什麼女孩一點自我保護的意識都沒有？就這樣跟著網路上認識幾個月的陌生男子回到家中？原先我僅將少女視為單純被騙了，想要盡可能地幫助她，然而此刻的我突然改觀：少女甜美的外表下可能的大膽叛逆，同時也表現在她不符社會期待的偏差行為裡。我開始懷疑少女的動機：或許她不是完全被動的？

＊　＊　＊

在被得知獨自北上與李政會面後，少女被禁足了；手機被沒收，也被限制了網路使用時間。我能夠體會少女此刻面臨來自學業與家庭環境的高壓，但我不知道到底還能怎麼做，才能讓事情有更好的結果，同時我也對少女允諾要退回朋友關係卻出現的破壞行為感到憤怒。即使如此，我仍然對少女的處境和其家庭陷入的緊張氣氛感到罪惡。然而不同於我的是，李政對他的行為毫無愧疚之意；即便是在已經遭到少女父親嚴正的警告之下，他仍舊無法約束自己的行為。對我而言，李政的行為簡直不可思議。在少女父親強勢的權威之下，他毫不懼怕。

＊　＊　＊

朋友安慰著我，告訴我我已盡力，我盡我所能保護女孩了；換作是他們，大概就拂手而去讓他們各自演戲了。剩下的，只能看他們的家庭如何造化，畢竟孩子是他們的。

「反正她也會遇到下一個小三啊！一個鍋配一個蓋啦。」朋友事不關己地說著。

可是我卻覺得我做得遠遠不夠；不夠讓少女脫離他的謊言，不夠讓他知錯並收斂自己的行為。我感到沮喪萬分。我雖有正義感但卻對改變他人的行為使不上力；我感覺自己愧對我的醫療專業，也愧對我所擁有的心理資源。

5. Déjà vu

如果他們都無法從內部改善或約束自己的行為，那就得從外部加入刺激改變動力了。挾著宣洩憤怒和一點點報復的心態，我在臉書上發了一篇文章，內容描述著男友對我的不忠和屢屢被揭發的謊言，並在文末標記了他與少女的帳號。我已然了解公眾輿論的壓力對李政不具一丁點威脅，但對少女未必。我想用輿論的壓力迫使她離開，儘管那代表我必須得讓少女的身分曝光；所幸那只是她的小帳，無法從中得知其真實身分。雖然這樣的手段顯得有些卑鄙，但我希望在事情還有可能繼續往下一步發展之前，藉由稍微浮上檯面，能從中切斷少女和他的連結。

雪片般的關心從四面八方飛來；我成功地塑造了男友是渣男的形象。我對這樣的成果感到滿意，心想：「如果少女還能分辨是非的話，應該會就此離開吧？」然而此舉，卻帶來另一波出人意料的展開。

* * *

臉書的訊息欄躺著一名來自陌生女子的訊息。

「雖然我不認識妳，但我真的要跟妳說，他一直都是這樣，沒有改變……」

我心頭一驚。這是誰？我心中泛起絕望，我到底還要因為李政認識多少陌生女孩？難道除了少女以外，還有其他人？

女子表示，她是李政的乾妹，同時也是曉曉的國中同學；同樣在十四、五歲的時候在網路上認識李政，並維持著斷斷續續的聯繫直到今天。我對她的名字並不陌生；在交往期間李政就曾向我表示他有一位很關心的乾妹，而他有多麼「喜歡」她。

似曾相似的感覺湧上了心頭，無論是我、曉曉、乾妹，或是少女，都是在十來歲的年紀認識了李政。同樣的，乾妹、我和李政的關係，也都是在他與曉曉交往的這十年間，作為網友有一搭沒一搭地維繫著。乾妹和我一樣，也曾在這幾年間收過李政突如其來的訊息。雖然表達的是關切，但文字裡卻給人一種模糊不清，彷彿踰越了界，影射男女之情的曖昧。雖然感到些許怪異，當時的我僅將其當作關係淺薄的網友，未多加理會。然而作為女友，現在我完全是另一種感受。

我突然想起；當初之所以會認識李政，也是因為他當時有意追求我另一位同學。按照他的說法，他後來選擇了曉曉，是因為曉曉對他比較有反應。我驚訝著我和乾妹在角色上的相似性：我們曾經都是李政想追求的對象的「同學」。而無論他最後是否與他主要的目標對象交往，他和我們這些「周邊」的女孩子也從未斷過牽連。這種既視感讓我發覺：李政和女性的互動模式有固定的軌跡可循：從青少年到青壯年，相同的行為模式從未改變。我開始擔心同樣的手法，有一天或許也會延續到少女的同學身上。

＊ ＊ ＊

乾妹的出現讓我意識到：我、曉曉、乾妹，都是在差不多的青少年時期出現在李政的生命當中；李政似乎對這個時期發展出的關係特別執著。我回想起李政曾告訴我，在某個他和曉曉在家談分手的夜晚，因為彼此僵持不下，而決定找我去緩衝兩人之間的氣氛。當時的我並未察覺有異，只是當作久違的朋友聚會而赴約，相處時也沒有感受到不對勁。原來早在過去，我就在不知情的狀況下被牽扯進他倆的關係，成為他和曉曉關係中的他者。而如今情況倒反；曉曉成為了我和李政關係中的他者。我和曉曉，在物換星移間對調了角色；女友變成了前任，前任成為了關係中的他者。而李政，就在由我和曉曉建構出的時間場裡，長大了。這樣寄生在過去和現在的人，是否有未來？

我彷彿看見了錯置的時空；我看見了自己、曉曉和乾妹，都像是棋子般被前後擺佈在以李政為中心點的時間棋盤裡。我猛然驚覺自己已在其中，而相仿的關係發展途徑一直不斷在李政的人生中重複上演。想到這裡我突然明白：若情況發展下去，即便我離去而少女成為正宮，最終她也必然成為前任，亦躲不過未來糾纏成為關係中他者的命運，就如同她此刻（被李政賦予）的角色。

為什麼？為什麼最後都是女性在親密關係裡淪落至悲慘的位置？

乾妹向我說明，她一直都不知道原來李政這段時間有交往對象，甚至李政曾對她表示希望她能夠到台中陪伴他共度週末。我看著乾妹截圖給我的對話紀錄；如此大膽且無恥的邀請，正是發生在我與李政交往、同時他也與少女曖昧的時期。重點是在這之前，李政與乾妹僅匆匆見過一次面！邀約僅有一面之緣的成年女子返家獨處，企圖可想而知；同樣的舉止他也曾對少女做過。他到底如何看待生命中的女性角色？他似乎能夠隨意跨越那本應存在的兩性互動界線，活在一種幻想的親密裡。

情感界線被侵犯的痛固然再次升起，但此刻的我卻感到大為振奮；如此我們就有充分的證據讓少女明白，那個對她投以大量愛語的男子，說的並不是真的。在我們都忙著課業的同時，訴說著渴望的那個男人，正試圖從其他女人身上尋找樂子。這個無情的事實，想必會狠狠地傷了她的自尊心，就如同李政傷害我一樣。我暗自祈禱少女能接受這個殘酷的真相。

我詢問乾妹是否願意讓我將這樣的資訊傳達給少女的家人，乾妹爽快地答應了，聽過我的說明後，也同樣表示願意幫少女一把。對情感不忠的出軌行徑往往是慣犯，我們都不樂見少女成為下一個受害者。

我想起了曉曉；這十年她究竟是怎麼走過來的？聚會時她從未向我提過和李政交往的細節；她究竟是知道、或是不知道李政在親密關係中一貫與他人曖昧的行為？曉曉也是高知識女性；如果她知道，為何選擇繼續留在這段關係中？如果知道，她為何選擇默不作聲而繼續放縱？記憶中的曉曉只有陽光、開朗的笑容，在這背後她到底承受了多少不堪？我從未有機會察覺，而她也從未表述。但如果我是曉曉，我說得出口嗎？我能夠坦承我的感情正被外來者侵犯，而那個第三者還是我的親密伴侶刻意帶進來的？

我試著想像自己是曉曉的處境，卻感受到自己的嘴被禁錮了。強烈的自尊壓得我說不出；無論是怎樣的委屈和傷心終究是硬生生地被彈了回去；這樣的情節令人感到羞恥，也有辱我的自尊。萬一、萬一……我是不被愛的那個呢？追根究柢，女孩將「不被愛」的恐懼埋藏在很深、很深的心底。成年人尚且無法看清這錯綜複雜的感情局面之動力究竟從何而來，遑論涉世未深、被戀愛沖昏頭的少女。

我該相信愛是一切的答案嗎？愛與真實，我該望向哪方？

* * *

為了讓少女看清，乾妹試著探問李政對感情的想法，以及是否目前有新的中意對象。而我們卻又在這裡，看見了他的第三張臉。

「她眼界還不夠。這也是我遲遲不與她交往的原因之一。」

「坦白說，我還是搞不清楚，為何她會喜歡我。但我是喜歡妳的，這點不會改變，我也不會否認。」

「現在還不明朗。再給她一點時間，讓她好好想想。」

從他的口中，李政將自己在與少女的關係裡塑造成一種被動的形象，同時還不忘表達對乾妹的愛意。乾妹困惑地問我：是少女倒追他嗎？

一個人，到底能顛倒是非黑白到怎樣的程度？

「每次我提到曉曉，他都會略過不談。我從以前就覺得他不把曉曉當一回事，總是說他喜歡我，要我跟他在一起。」乾妹說著。

不把伴侶當一回事，是李政一致的行為，也是我此刻的寫照。他的喜歡，太過氾濫。我想起他曾說自己所說的「喜歡」，就和自己說喜歡蘋果、香蕉一樣，沒什麼區別。他的喜歡，並非來自於渴望建立親密連結的原始情感需求，而是一種純粹採集的慾望。無論是我、曉曉、少女或乾妹，都是活生生、有血有肉的女孩；每個都是獨一無二的生命個體，擁有自己獨特的性格、喜好和價值；然而對李政而言，我們就像高掛枝頭的蘋果、香蕉、橘子、芭樂；他通通都喜歡，沒什麼區別。我們都只是待收穫的作物而已；誰被採進籃裡，那只是時機的問題，總之他會讓我們一直懸掛在此。

對女性扭曲的價值觀以及病態撒謊的樣子在三方對峙下無所遁形。他就像變色龍一樣，在每個人面前有著不同的樣子。他沒有穩定的自我形象，也沒有一套跨情境的核心價值觀系統；他的語言裡也充斥著他自以為是、膨脹的自我價值，認為自己主宰著和每一個女性的關係。然而他對自己的每一個面貌都信以為真；畢竟他若沒能先騙過自己，又怎能騙過我們？我和少女、曉曉，也只是被設計成互相對立的角色，無意識地被捲進一場無止盡的競爭循環賽裡。

但不該是這樣的。女性從來就不應服膺於這樣的角色。不應為一個男人和與自己同類的女性成為對立、互相傷害；那只是為了從中獲取利益的那個背後的男人的詭計。

＊＊＊

「妳知道『絕對領域』嗎？」她問。

「知道啊，怎麼了？」

「他有次死求活求地叫我拍照給他，被他煩死就拍了。後來他就直接把我的腿投放在電視上啊超變態的，頓時覺得很後悔。」

「!!原來那是妳！」

「妳看過!?」

我跟乾妹被眼前這突如其來的事實嚇到大驚失色！原來我曾在李政電腦桌布看過的腿照主人並不是曉曉，而是另有其人！將女友同學的腿照放在隨時可見的桌布到底是什麼心態？這十多年來，他意淫著乾妹滿足自己的性幻想，從她二十歲開始持續到三十歲。這一切都噁心至極！

＊　＊　＊

少女母親告訴我，少女在得知李政對乾妹的撩撥後，似乎有意與他斷絕。

然而幾日後李政的ＩＧ，卻突然出現了這樣的公開文字。

「如果能突然死了，該有多好？我以為我們會擁有更多的我們，而妳能承受的只有這樣，也好。」

拋棄，是拋棄！他的文字透露出以死要脅，並企圖用拋棄作為控制她的最後手段。他將所有責任都推向少女——這段關係之所以無法延續，都是因為妳能承受的不夠多！**而不是我讓妳變成第三者**。那文字看似平淡卻充滿指責，好像在說無論我怎麼荒唐，妳都應該忍受、應該順服於我的權威，如此才能證明妳是足夠愛我的；必須透過這樣的證明才能獲得和我在一起的「資格」！再一次，李政透過言語的操弄，將少女推向權力不對等的最下階；就如同她一開始就被放置在不具權勢的第三者的角色中。

為了和他在一起，少女究竟該承受多少？我在螢幕前咆哮。

他很清楚自己正在做什麼。他很清楚自己的語言將會為少女帶來多大的影響。

* * *

我在一旁看著，清楚明白李政利用公開的文字一方面作勢離開，一方面藉此在公眾場域狠狠地怪罪、削弱少女的顏面一番。那是他給出的訊息，作為她意圖脫離他的劇本的「警告」，也是一種對少女進行的懲罰（報復）。我很清楚，他並不愛她；誰會口口聲聲說著愛卻公開羞辱、企圖操縱與報復？在我們三人的關係裡，少女不具話語權。畢竟第三者仍難見容於台灣社會，況且是一個年紀這麼小、不具社會地位的孩子。事情浮上檯面僅是將少女推向兩難，她的身分本不被社會認同，她的痛苦亦無法被承認，而他深知也利用了這點。此刻少女的處境或許比我更加危急；在社會與家庭均不允許的情況下，少女只剩李政一人能夠依附。這樣的劣勢不僅加深了她和李政間有毒的情感羈絆，也讓他更有餘裕對她進行操控。少女只能透過他的認可掙得自己的社會地位，然而也正是他，將她推向形同孤島的暗黑地獄。

我很確定他真的病了，同時擔心他的死亡意念會悄然攀附少女而上，成為壓垮她的最後一根稻草。

我以為愛的感受是光明和溫暖，如今這段關係帶給我的卻滿是荊棘與痛苦，並且我的另一伴確實擁有病態的思考與行為模式。我知道為了自己的健康和幸福著想，這段關係勢必得結束。

只是我離開了，李政是否能夠更肆無忌憚地操弄少女？少女是否能像我一樣，看穿他的病態行為，在沒有家人守護的情況下？

我沒有把握。

6. 繼親家庭

在李政與少女的對話紀錄中，有句話一直是壓在我心頭的重擔。

「我媽才不要我呢。」

「我要妳。」李政這麼回應少女。

＊＊＊

參雜在那些令人難以下嚥的文字裡，這幾個字格外地抓取了我的目光。我撐大著雙眼在心底驚呼，直覺這是一個被母親拋棄的女孩。破碎的家庭結構可能讓少女向外尋求情感上的歸屬，一切都非常合理。那麼，這個在跟我對話的人，究竟是誰呢？

我明白少女的行為成因絕大多數來自家庭，卻不能輕易點破。隨著與少女母親越趨深入的談話，一日少女母親告訴我，她其實是女孩的繼母，生母在女孩小時候離開了這個家，而她從少女兩歲起照顧著她長大。我試著平靜傾聽，但內心五味雜陳地衝擊著。懸在心上的疑問有了解答：為何少女和他如此分不開？然而這個事實卻也讓整件事情變得更加棘手。無論母親多麼積極想處理，她可能終究不是家庭動力的決策者。那個遇事就過激的父親才是背後的關鍵。

憑藉著研究的訓練，我查閱了許多相關資料，想快速建構一個繼親家庭動力的樣貌。繼親家庭，這個連在教科書上都不會出現的教材，居然活生生地出現在我的生命中。我暗忖著這裡頭一道又一道難解的題——病態行為的男子、憤世嫉俗的青少年，還有教養上的弱勢者，繼母。在明白少女母親的身分後，我更加謹慎自己的言詞，避免讓她在與我對話的過程中再次受到更多來自社會對繼親家庭負面印象的傷害。不出多久，我確切地體認到自己正在跟一個家庭系統裡最難為的角色，討論該如何讓自己的孩子遠離那個行為病態的男子。這一切到底還要多難？

＊　＊　＊

在諮商室裡，我能夠在心理師的帶領下辨識出李政惡意又迂迴的手法，然而那背後牽連的運作機制一樁又一樁。李政和我、和曉曉、和乾妹，以及眼下和少女正發生的故事布滿在諮商室的空氣中。若將這橫跨十年時間線所發生的各種點狀事件連起來，就能清楚地看見一張李政以謊言貫穿、榨取女性情感和自尊，以及行為模式一貫違反倫常的網。然而能夠以這樣綜觀視角看見全局的人，只有我而已。少女的眼中只有李政；我該如何讓少女母親清楚知道此人的病態，以及事情繼續發展下去可能對少女不利的危險和嚴重性？

我試著將那些我與心理師寶貴的談話紀錄從諮商室裡帶出來，解釋給少女母親聽，包括李政如何在與少女互動的過程中掌握少女渴望親密依附的心思，以及當少女覺醒、試圖離開這段關係時，他又如何用文字試圖透過惡意棄置，進一步繼續控制少女。他明知「拋棄」是少女心中的痛，以及這麼做可能會誘發的創傷反應（不要忘記，李政是心理專業），卻反而利用此點掐住少女。我努力用文字說明，向少女母親解釋李政行為背後的錯綜複雜，此舉贏得了少女母親對我的信任，也認同我的專業與正義感。然而對少女家人來說，他們認為解決這件事情的方法很簡單：只要他們立下教養規範，要求少女做出行為上的改變或約定便成，沒那麼複雜。我明白一般家庭或許無法花那麼多心力在處理心理層次上的議題，立竿見影的行為改變才是他們最想看到的，然而這卻只是飲鴆止渴。我明白，只要少女內心的缺口未解，李政依然能夠在往後的十年間再次如鬼魅般重新攀附而上，就像這十年間他從未切斷和曉曉、和乾妹以及和我之間的牽連一樣。

然而要讓一個自覺被遺棄的少女重新相信自己值得被愛，又是另一件曠日費時的大工程。這十餘年來在她身上形成的價值觀，需要靠多少時數的諮商才能帶來改變？我擔心那能夠促成轉變的速度，遠不及他一句「我要妳」所帶來排山倒海的效應來得快速又強烈，足以讓我們所做的種種努力在一夕之間如骨牌般前功盡棄。但我知道一旦我離開了，就再也沒有人有時間和耐心解釋給他們聽了！少女和少女家人願意敞開、能夠擁有的心理資源或許只有我而已，即使我的動機和角色具有爭議性。

我不知道這個家庭願意且能夠為這樣的事件付出多少心力，甚至一度擔心他們會不會寧願不知道這些事，好讓生活更清淨些？所幸少女母親一直以來都給予我正向的回饋，我想或許裡頭也有她作為長輩對我的憐憫。基於對少女的學業與身心發展上的共同認知，我們保持著聯絡。我看顧著身邊這個男人的言行舉止避免他到外面胡作非為，少女家人則留意著少女的動向。

＊＊＊

在一次與少女母親對談中，我驚覺雙方的家庭成員在家庭結構上扮演的角色極為相似。我們都有個會對孩子與母親咆哮的父親，而舉凡家庭生活中的所有事件，包括備三餐、教育與接送孩子、照顧公婆日常與就醫、接洽外勞與辦理相關事宜、清潔與整理家務等等，母親在家庭中幾乎一手包辦；父親的角色在生活中微乎其微。然而在以父親作為經濟支柱的傳統家庭中，父親的角色是權威的，並且是最終掌握權力核心的那個人。我想起自己父親那些激烈又毫不留情面的批評，像重重的一巴掌揮在我母親的臉上，經年累月地擊潰了我母親為家庭奉獻的價值，也強烈地打壓著我的女性自尊。同樣的，少女父親也會用難聽的字眼在少女同學或親友前辱罵少女。少女與繼母，我與母親，在本質上所經歷的或許沒太多不同。我們生長在父權宰制的家庭動力中，父親在工作或生活上的不如意能夠恣意且暴怒地喧騰在家庭的空氣中，製造著一波又一波的語言攻擊和衝突。可是我的心裡渴望有人能溫柔對待我。

我發現我無法苛責少女或少女母親什麼，也盡可能避免這樣做，因為回首初衷，我從未想過和其他女性製造對立。少女的家庭關係以及生活經驗，與其他同年齡的女孩並不相同。在這樣的情況下，或多或少的偏差行為都變得情有可原。對一個自認為不被父母渴望擁有的孩子來說，一句「我要妳」，就足以點燃內在長久以來枯竭卻又渴望親密的原動力，朝那個強大的吸引力漩渦飛奔而去。儘管那句「我要妳」的背後毫不負責。

而在我眼中，少女母親盡心盡力地侍奉這個家。她大可離開，尋求其他幸福的機會；然而她卻留了下來，全心全意地陪伴這個孩子長大。她並未生育自己的子女，只為了想給她一個完整的家，並居中協調著家庭成員的內部關係，包含脾氣暴躁的父親和正值青春期的女兒。少女母親體諒我遭遇情感背叛的重創，還以過來人的姿態安慰並包容著我。我對此充滿感激，同時也感到愧疚。我想要成就一段維護女性權益並讓渣男倒下的故事，卻需要她從中大力幫助。

我是幸運的，因為或許有一天我能夠因為我的學歷而翻轉自己的角色，從家庭位階裡低下的女性地位轉變成社會上具有影響力的女性。可是少女與她的母親呢？她們能夠在這樣的家庭結構中翻轉自己的命運嗎？我的母親呢？她是否在這樣的社會結構裡曾有一刻，能有改變自己命運的可能？

我自己一個人逃走，就可以了嗎？

幸福的樣子，究竟有幾種答案？

＊　＊　＊

只是病態行為無論經過怎樣的道德勸說、行為規範，李政總是能夠在允諾之後又讓我發現各種他持續與少女聯繫的證據，就像精心策畫好要讓我發現一般。我隨時就要斷裂的神經都在他的掌控之中；他完全知道如何使我更加沮喪，我的自尊，和我對人性的期待，也在這樣的操作中一步步被摧毀。對於我提議進行心理治療或一同前往關係諮商，李政總是不為所動。

另一方面，少女家人對李政祭出了手段。從一開始的電話勸導表明立場，希望他不要再與自己的孩子糾纏，到要求他南下當面嚴厲指責。就少女母親給我的說法，李政是「給臉不要臉」，一副蠻不在乎的態度，好像他們家長對自己孩子的想法都不重要，只有自己才是少女生命的主宰，知道怎麼做對少女最好；自己才是最重視少女立場、能夠溫和傾聽並和她站在同一陣線的那個人。這種自以為是的狂妄態度氣壞了少女雙親。有一次少女姑姑問我，是否知道李政將一支手機寄給少女使用？我一聽大驚失色，氣急敗壞地問他為何要破壞別人家的家庭教養規範？李政面不改色地說少女說自己的手機被沒收了，於是就將自己的備用機寄給了她。他的一臉無辜，甚至讓我懷疑自己是否反應過了頭……

「她手機被沒收了，是因為她偷偷跟你聯繫被發現；還有因為她高三了，她的家人希望她能多花一點時間在準備升學考試。你知道你這樣做會造成別人家的家庭教養困難嗎？」我再一次試圖理性說明其中的邏輯，實則心裡冒著怒火，為何我需要且正在跟一個成年軍官解釋他的行為不當？我告訴自己，他病了，同時對自己的行為感到困惑不已。

「我不知道不能這樣做，沒人告訴我不能這樣做。我只是想說寄給她就能幫她解決眼前的問題。」這句毫不負責任的話，差點沒讓我的下巴掉下來。事已至此，李政眼中的目標依舊明確得只有少女。什麼家長的訴求與關切，他人家庭教養與規範，或是少女的學業前程與發展，對他而言通通都只是模糊的背景音而已。

＊　＊　＊

我和少女母親漸漸明白，李政的病態是無法改變的；真正的關鍵在少女。然而李政對乾妹撩撥的對話證據轉眼成為雲煙。在少女眼中，那鐵一般的事實似乎不足以構成他僅只是個欺騙她感情的騙子。拒絕承認眼前的現實是一劑短暫的止痛針，或許能夠讓少女逃離眼下的窘迫、安撫當下的自己，卻也阻斷了她改變未來的可能。但拒絕承認現實是否才能讓此刻的少女生存下去？只要拒絕承認現實，就能繼續相信「他是愛我的」，好維護她原先就立足不穩，往後卻可能更加殘破不堪的自尊？

少女不願承認她眼下形同牢獄般的生活——備受監視、失去自由，與家人的信任關係也逐漸斷裂——而這一切都是李政和她自己造成的。如今的少女就和他一樣充斥謊言，總是在允諾母親後又接二連三地被發現與他聯繫的事實。對於李政從未停歇、無恥但奏效的糾纏，我與少女家人反而像一群被逼得跳腳的潑猴，想盡辦法卻無計可施。最後少女母親決定向李政任職的單位上級投訴其行為不當，然而這都未能讓他的行為收斂，持續以各種公開的文字或私訊控制著少女的心。他繼續遊走在道德的邊緣，一點都不害怕。

* * *

我以為只要我夠努力就能阻止不想要的事情發生；我以為只要我的信念夠堅持，一切就能往好的方向進展；我以為只要盡我所能地善用我的心理學知識就能讓少女迷途知返；我以為只要我夠愛他就能讓一切有所轉圜。然而在這一個完全卡死的結構裡，蓄意操弄又無所畏懼的他、對愛和依附的渴望已超越旁人勸告和遮蔽可見事實的少女，以及態度激昂但在教養上發揮不了作用的少女家人，我到底還能怎麼做？

我到不了我想要的地方。

我找不到出口，也看不見希望。

7. 當所有門都關上

什麼樣的人會自殺？快樂的人會自殺嗎？

人為什麼會自殺呢？想必不是因為日子過得快樂又順遂所以選擇自殺的吧？

她想結束的是痛苦，只是剛好順便結束生命而已。

愛是自由的嗎？

我答應自己要愛他的，但我怎麼做不到了？

現在的我是否已經成為少女家人的困擾了呢？

怎麼好像我做再多，都無法令人滿意呢？

儘管試圖強押著自己維持理智，運作我那善於邏輯分析的頭腦，想方設法試圖阻止這個荒謬的故事繼續發展下去，然而一切的走向令人絕望。

親密關係的背叛逐步啃蝕了我的自尊。日日夜夜，我在混亂的情緒與思緒上反芻，懷疑著自己的動機和信念：如果我的動機是良善的，為何一點用都沒有？是我不夠堅定？還是我對改變的渴望不夠強烈？對世界和人性的無法理解讓我痛苦，地獄就在眼前而無法阻止的我，掙扎、困惑、絕望、心碎。

在我將所有的目光都聚焦在處理眼前的焦頭爛額時，我沒有注意到的是，我的自我早已悄然破碎、離我遠去。回想起來，那是一段生命中空白的日子。我彷彿隨著記憶，一同消失了。

＊　＊　＊

我不記得自己如何運作自己的日常；我坐在研究室裡，鍵盤上卻急迫地處理著和少女母親的對話。我試圖振作，但更多時候我能夠感覺到的是自己胸腔一片空白地發涼。我試圖維持笑容，卻感覺不到喜悅。

我在這樣的情況下通過了博士資格考，正式成為博士候選人。該慶幸的是我的認知能力沒有受損。在上演著這些足以吞噬一個人的情節的日子裡，我依然功能良好，只是我的心已不再尋常。

如果我對現實世界發生的事情完全使不上力，那麼我又何須擁有這個學位？我曾經立志成為助人工作者，因此成為職能治療師；又因在治療過程中感受到醫療情境的限制，而轉戰能更接觸人群，並且能從教育著手做出改變的教育心理專業，但眼下我卻對發生在自己身上的事束手無策，不管是幫助少女，或自己。助人的動機漸漸消失了；取而代之的是憤世嫉俗與滿腔的憤怒。我幫助不了任何人，甚至連幫自己一把都沒辦法。

曾經渴望助人的信念，此刻看來卻變得可笑。
無論是工作或研究，甚至是人生，我都想放手了。
原先的我是什麼樣子呢？我想不起來。那些我在這段關係裡承受的屈辱，我無法對著他人講。我在諮商室裡暴怒和脆弱，如今那是我唯一得以讓自己高壓且幾近崩潰的內在出來宣洩的地方。和心理師的承諾，成為拉住我生息的最後一縷絲線。我無法與他人相處，我已被黑暗包圍，而佯裝正常讓我感到渾身不自在。我將自己關在和李政一起承租的套房裡，看著時間流逝，欲振乏力。這個我曾經多麼開心、和他一起稱為「家」的地方，如今成了綑綁我的牢房。
在別人眼裡，我曾經熱愛生命、目標明確。而現在的我，是誰呢？我摸著自己的臉頰，鏡中反射的，卻是早已破碎的自己。這一切，將我扭曲成了自己也不認得的樣子。
我好累。我不想再緊抓著這一切了。
我用了太多力氣在愛他，卻遠遠超出了自己的負荷。
他說他害怕親密消失，所以即使知道自己滿身是刺也要用力抱緊別人。
他哭著說我教會了他許多東西，包括愛與希望。希望下一次，他就有了愛人的能力。
為什麼、為什麼要這樣把我吃乾抹淨後就走呢？我的血已被抽乾，是因為現在的我已幾近乾枯，所以要被丟下了嗎？

在現實中，我沒有家可以回，也沒有其他地方可以去。世界如此之大，卻沒有我容身的地方。

＊　＊　＊

一切又回到了原點。

我知道自己無法要求少女或少女家人改變或給予承諾。這當中唯一仍和我有關係的是他。我只能將改變的希望重新放回他身上，希望他能看見眼前這已脆弱不堪的我，喚起一點良心，作為眼下這已難堪到底的局面可能改變的動力。

我壓抑著所剩無幾的自尊，再次將自己往這段關係裡投得更深。只是這次我已被絕望布滿，連痛恨這懦弱又悲慘的自己的力氣都沒有。我仍然盼望改變的動力；即使我的自我價值和情緒狀態都降到不能再低。除了贖回和他的關係，我不知道自己的人生還能期待什麼。

我陷入了一種悲慘的矛盾。明知眼前傷人的是他，卻只能仰望著、希望他施捨一口水喝，給我活命的出路。那個親手將我推入地獄的人，是我的親密伴侶，卻也是我眼中當前唯一的拯救者。這樣的創傷羈絆（trauma bonding）同時出現在我和少女的身上；無論是怎樣的身分，正宮或其他，在這段關係裡最終都落得同樣下場。

和少女不同的是，我已在外獨自生活十餘年，不可能將這些故事一夕之間帶回家。

而和少女相同的是，我們都只能在情感上越發依賴他。我習慣了有他的日子，也沉溺於他的陪伴，回首才發現我已遠離了自己的交友圈，也不知道該如何向朋友開口這一段畸形的戀情。我看著鏡中短短數週暴瘦十公斤的自己，竟還渴望得到他的一絲憐憫。

我的心智狀態需要有人看管。工作時他會從單位打電話給我，問我有沒有吃飯，確認我的安危。放假時他會立刻來到我身邊，將癱軟的我從床上拉起，強迫我進食。我總算利用自己的狀態佔據了他的目光與時間，即便我已深陷悲慘。有力氣的時候，我會陪他到附近走走。那個曾經黏在我身旁不願離開的男人，曾經呵護、照顧著我的男人，似乎回到了我的身邊。他往日的溫柔些許的回到了我的生活當中。我知道他的餵養是毒藥，我在心裡抵抗，卻只能喝下。

我不認得自己了；曾經我以為自己能夠好好愛他，在這個飄盪的世界裡給他安全感，讓彼此成為對方的庇護。然而我再也做不到了。我感到自慚形穢。我記得自己曾歇斯底里地對他大吼：為什麼你就不能只看著我就好？卻在噴發怒氣後跌入害怕被遺棄的恐懼。我在氣憤地賞了他巴掌後卻將他擁入懷中，在窒息的愛和糾纏，卻熟悉的溫度裡睡去。

我不知道如何分開，也不知道該如何活下去。

我和少女，其實沒什麼兩樣。我們都眷戀著他的溫柔，儘管身上早已插滿他帶來的刺。

我明白自己的悲慘，卻希望她能擁有自由的人生。
我不懂為何我必須為這一切不斷地感到抱歉。
我還能做什麼？

＊　＊　＊

如果不能讓她走的話，就讓我跟著一起瘋吧！
我願意用我殘存的生命加入這場戰局，陪著你們一起瘋。
我試著讓他知道我不是開玩笑的，我可能真的會去死。這個劇本開始走向極端。對，想跟李政或少女用常人的邏輯溝通是沒辦法的。我不介意他再次以此大作文章，向少女透露我已失去理智，以及他選擇繼續留下來照顧我的決心，好展現他的深情與為難。

說什麼承諾不再聯繫都是假的，少女家人很快就得知此事，傳訊前來關切。但我無話可說。從事情開始到現在，我都不希望自己變成少女家人的負擔；我是成年人了。我只是強硬地執著於他必須兌現自己的承諾，將感情的目光重新回到和我的兩人世界，好改變我那悲慘的人生，如果必須得這麼瘋狂才能換來我想要的結局的話。我企圖以自己的死亡換取他的愧疚。但，他會嗎？
死亡，似乎是現在活著的自己，唯一還能做的事情。雖然有點害怕，但或許是我人生中最後一件能為自己做的事情了。我能夠用自己的死亡喚起這個社會對這樣的事件的重視，對這樣的危險情人的警覺和遠離，以及不當的網路誘騙背後潛藏的、對未成年人身心權益造成危害的性危機。我看見了灰色報紙上的社會版頭條，轉瞬即逝。

我曾經好愛你。為什麼，現在這裡只剩下我一個人了？

我思索著究竟應葬身何處，才能盡可能地不造成家人和社會的負擔？對於即將給家人添的麻煩，我感到很抱歉。很抱歉，關於活著的一切，我都盡力了。我努力地成為優秀的自己，盡力做好每一件事。我愛著身邊的人，也給過他們溫暖與支持。對於生命，我沒有遺憾了。

我規規矩矩地收拾著一切。將家中所有的東西都打理好。一切都井然有序，整整齊齊地。在我混亂不堪的人生裡，這或許是我最後一件能做的事了。至少在這裡，還能有我記憶中自己的樣子。

我蜷縮的身體和牙齒都顫抖著，被那種即將進入黑暗的恐懼和痛苦吞噬。我想我需要一點時間來接受要將自己推向死亡的這件事。

我眼前只有一條路，那條路指引著方向，亮著的地方，是我該前往，並且終結一切的地方。我曾經擁有的一切，光明的未來，或和朋友一起發出的璀璨笑聲，都成了我背後的一片黑暗。

* * *

「如果妳想走的話，就走吧。」他的語氣毫無感情，只有冷酷。

「啪！」地一聲，我與這個世界最後的一線連結，斷了。

那個曾經給我夢想生活的男人，竟能毫不在乎的拋下我；我就像是一個能夠被隨意拋棄的破布偶。我即將被取代，所有曾經給我的好，將通通給向少女。他即將要邁向新生活，和少女一起幸福了，而我只是他要甩開的陳舊負擔。排山倒海的恐懼侵蝕著我，讓我無力地向下墜……

* * *

就是現在了。

我快步回到家中，像是自動導航一般，一切都快速又流暢。屋裡慢慢被煙霧覆蓋，變得模糊。這就是將死之人眼前的景象嗎？對不起，給你們添麻煩了，我很抱歉……

我呆望著浴室門外牆角的磨石子，想著事情究竟為何發展至這個地步？為什麼我做盡了一切，但最後要去死的人是我呢？

我想起了他曾經遞給我的遺書。在我倆都痛苦萬分的時候，他說不如我們抱在一起死吧！只是為什麼，現在我得一個人離開，他卻如此淡然？

「死亡是我的語言嗎？」我問自己。

我突然想起他說，曉曉在和他談分手的那一天，在他的家中企圖自殺；少女奮力地對他咆哮說「我的父母會殺了我」；乾妹在曾經自傷的歲月裡與他相互慰藉；而他也曾經出現自殺行為。在一起後我才知道他的自殺史，以及他長期對生活的無望感。他不接受我任何來自專業的判斷和建議，而作為女友，我只能盡可能去愛他，在陪伴中想方設法，減輕他生命的痛苦。

似乎所有和他牽連的人都帶著傷，且必然在某個時刻和死亡搭上線。我看見的每個場景，他都在場，見證每個女孩被死亡的意念籠罩。邁向死亡的召喚，究竟是出於女孩的自願，或是被儲存在他體內滿溢又未解的痛苦蔓延所致？

這樣的結局是不是太老套了？正宮因渣男而痛苦不堪以致最後走上絕路，軍職的身分被揭穿撻伐、小三被揪出責難，這樣就大快人心了嗎？我預見這樣的故事或許能夠短暫形成討論話題，但也會快速地化為平淡，銷聲匿跡在如常的日子裡。但那裡頭的代價是我的生命，還有所有愛我的人終生的悲痛。我為什麼要用自己的死，成就他人的痛快？我不想要我最後的價值，成為他人口中曇花一現的新聞。

我想要的改變，明明就不只這些。

「這就是結局了嗎？」我問自己。

不。我要改變這個故事的結局。

我要活下去。

我要活下去，才能改變故事的結局。

我不再將改變的契機交到別人手上，這次我要從自己做起。活下來的我，將不再是同一個我。

我隨即推開窗，看著煙霧從窗口散去，慶幸自己並未驚擾鄰近住戶或消防，活著就上社會版頭條對我來說比死了更難堪。我用我僅剩不到百分之十的手機撥了電話給我的個管師，告訴她：

「老師，我自殺了。」

＊　＊　＊

「妳現在離開房間，到外面的空曠處。我現在立刻過去。」

我按照個管師的指示到了樓下的空地，看著那個我曾經視為「家」的地方，差一步就成了我的葬身之地。曾經在那房裡的歡笑與一切已面目全非，如今的我，形同餘燼。

我知道接下來要發生的事情我都無能為力了。我從未想過自己，一個就讀心理學系即將滿三十歲的博士生，會變成學校系統裡的三級個案。

＊　＊　＊

我被個管師與她的同事拎著前往醫院急診，對於造成個管師必須加班，我感到很抱歉。在無可避免的情況下，我的父母與李政碰面了。接著，我被無情的轟擊。

「妳交那什麼男朋友？看到我們也不會打招呼！」

值班醫師建議留院觀察，父親則堅持帶我返家，旁邊是兩相為難的母親、等待的個管師與李政。

我不知道自己到底做了什麼，讓這五個人一同為了我聚集在此；我不知道現在的自己到底身在何處，該前往哪裡。我看不見自己的未來。

我知道我失去了對生命的掌控權，也被迫和李政分開。就像少女一樣。

明明是三十歲的我，為何戀愛途徑像少女一般走上極端？明明我是正宮，為什麼下場卻和第三者相同？

8. 原生家庭：回到洞穴中

因為自我傷害，我開始了被管束的日子。在念大學離家後的第十二年，我像是個做錯事的孩子，被父母拎著回家了。我回到了從小生長的地方——這個提供我養分茁壯，同時也帶給我無形壓力和根深蒂固的限制之處。那裡有我極力想掙脫的東西。

＊　＊　＊

在這之前，父母對我和李政的關係一無所知，第一次見面就是在急診室，因女兒試圖自殺，衝擊肯定不小。沒有讓父母知曉和李政關係的原因，一是軍人這種身分入不了父母的眼；二是這段關係各種違反常理和道德規範的情節太令人難堪，自然也無法向父母開口。事件荒唐至此，我難以面對父親。與其說擔心自己讓家族蒙羞，不如說我對父親即將的反應感到恐懼。父親從小與我、母親及哥哥的關係疏離。在我的印象裡，父親經常用難聽的話在朋友或親戚面前羞辱母親，只要一不順他的意就大聲起來。小時候我跟哥哥挨的巴掌也沒少過。然而這樣的父親，卻不用處理生活上的任何事情；舉凡水電、搬家、裝修、開業，大小事都是我的母親在張羅或是請娘家的親戚幫忙，至今未變。夜晚收拾父親和朋友酒肉後的凌亂餐桌，是母親的日常。在我們的家庭結構裡，我不清楚父親承擔的家庭角色和責任究竟為何，但這個雙手不沾塵事的男性卻經常是重大事件的裁決者。女性不管包攬多少勞務，最終都不擁有權力。

李政和父親很不一樣，至少在最一開始認識時完全不同。他沒有像父親般爆烈的脾氣，說話也很溫和。在我備受求學壓力之際，他總是能給出支持和鼓勵的話語，讓人感到溫暖。軍校的訓練讓他很早就能夠獨立生活，烹飪、打掃、保險、修繕等等都毋須假手他人。相較於任何事情都讓母親操心的父親，李政不僅功能十足，還能為獨自在台北生活的我承接許多負擔，就更別提他幫我完成了需要大量負重的搬家，還一次為我支付了半年的房租。這些過程，我的家人從沒有過任何參與。頂多是在我搬完家後北上看看，嫌棄這個不好、那個不好，問我要不要換一間，卻從未替我在台北的安頓提供任何實際的支持。對我來說，李政在這些日子裡陪我一起承擔了許多生活上的麻煩事。在沒有感受過和平的家裡，那樣的男性對我來說，已經是最好的了。

* * *

經歷這場生命的劇變後，我的身心都需要好好休息。在返家的數日內，我的心臟仍不時劇烈地疼痛。瞬間的緊縮和窒息感讓我無法克制地臉部扭曲。我的面容已失去光彩，眼神也不再透明清澈。伴隨的只有空洞的表情，無力的身軀，缺乏的胃口，以及逐漸延長的睡眠。

我在想，是不是可以利用現在身體上的孱弱無力、容易跌倒，來說服父親將長年無人使用的浴缸打掉，好讓母親可以省去一些家事負擔，好減少她對家庭勞務的抱怨，還有一如往常對我說教的頻率。就如同過往那些她「要不到」的時刻，總是會重複地向我訴說，好讓我能夠為她做點什麼，透過我的行動去得到那些她無法靠自己掙來的需求，好比金錢、愛、尊重，或是休息。我母親在這個什麼都無法回饋給她的家裡犧牲著她的年歲，將所有生命的希望寄託在我與兄長身上。我怎敢不優秀？若我不優秀，豈不枉為我母親的女兒？豈不愧對所有她為家庭所做的犧牲？

是從什麼時候開始的呢？我習慣性地忽視自己的耗弱，在這個節骨眼上仍想著利用自己，為母親的生活帶來改變的可能。記憶裡好像每次家裡有事發生，年幼的我都必須為了權衡局面作出調整，但父親卻完全不需要改變。在成長的過程中，即使試著表達不滿或激烈抗爭，也不會有所不同。我很早就試著培養自己獨立，在心理上不再依賴家人。這造就了我強大的執行能力，而母親的無能改變，也將我推上了為她解決問題的角色。無論在工作或是家庭裡，我習慣性地擔任那個當事情發生時，站到前方設法解決問題，或是為了權衡局面而讓自己無聲的角色。在和李政的關係裡也是；當一波波顛覆三觀的事件不斷襲來時，我又下意識地站上了那個位置：忽略自己被愛的需求，一味地想解決眼前的問題，同時擔任那個權衡局面的角色。

但這次不同。這次我已無力再做任何事情。這個局面已完全失控，包括我自己。那個我已經不知道該如何是好的生命，我的父母也同樣手足無措。我們的關係早已斷裂，深沉的無力與驚嚇轉化成父親的謾罵、咆哮以及母親和他人的竊竊私語，在我沉睡著的房門外上演。一切都沒有改變。我們無法談論我的死亡，或者是開口談論任何事；事實上從很早以前就是這樣了。

我深刻明白，我回到的，終究是那個一成不變的家。這個如鋼筋鐵條般限制著的家庭結構，隨著父母的年歲增長越發固化。只是在台北的十餘年裡，我早已建構出一套自己的生活模式，包括我以為能夠和李政一同擁有的新生活樣貌。在那裡我是隻自由的小鳥，過著自由的人生，追求自己的夢想，越爬越高。然而某一刻我卻突然重摔在地，被迫回到了這裡，再次見證那些我痛恨又無力改變的束縛與框架。

欲振乏力的胃口和失去動機的人生都不被允許。我被強迫吃下那些我不想吃的東西。我必須得坐起來假裝自己在看書或是用著電腦，才能顯得我好像依然活在某種結構裡，不是那個他們已不認得的女兒。然而這一刻終於還是來了，我的腦袋根本無法運作，需要大量組織的研究工作，我完全無法執行。我無法在這裡宣洩情緒、無法爆烈地哭出聲，因為那樣的聲音會驚動父母，使他們感到驚慌。我不想引起那些我父母根本無法處理的情緒和狀況，因為到時候得負責解釋和安撫他們的責任，將再次落到我身上，畢竟我就連照顧自己都氣若游絲了，實在無力再去回應父母的各種情緒。這如同牢獄般的生活監禁著真實的我；我連躲在被窩裡啜泣都無法，因為他們能夠隨時打開我的房門確認我的狀態；我不想讓自己的眼淚和他們面面相覷，接著還得面對那可能對我形成二次傷害的各種語言。

我明白，因為我傷害了自己，所以失去了自由；所有壓抑的痛苦只能高壓地承載在體內。我就像是個隨時要噴發的壓力鍋，卻得盡可能佯裝自己「正常」。這讓我痛苦萬分。

＊　＊　＊

社工師按時打電話到家關切，而我不明白，為何自己需要跟一個陌生人講述自己的情況。所有我慣常能夠使用的心理資源全都戛然而止，只能呆坐在這個對我毫無幫助的環境裡，向他們保證我的安全。我明白在系統之內我必須受到保護管束；無論是我的個管師、心理師、家人，或是按時打電話來家裡的社工師，大家都盡他們的職責在保護我的生命，然而我卻無法抑止對這樣的約束感到憤怒。我不明白，為何我通向死亡的自由意志要被剝奪？如果我已明確表達了我的意願，為當前我所能做的致歉，並且清楚說明我的死亡並非相關人士的責任，好避免所有涉及治療的專業人士受到究責，那為什麼我仍無法按照我的意願結束？在普世價值裡，他人眼中生命的珍貴，難道超出我對生命的自由意志嗎？無論如何，我的自由被強行剝奪了，這讓我感到狂躁憤怒。自由的價值在死亡面前突然彰顯；剝奪自由比起死亡，更讓人喪失心智。

＊　＊　＊

「那個男的有什麼好？一點禮貌都沒有。」父親用輕蔑的口吻說著。

我壓抑著憤怒，沒有開口。我不能回嘴；我不能開口說「事實上，我覺得他很多方面都比你好。」至少他從不曾開口對我大聲說話；至少他會下廚煮飯給我吃、會清潔廚房、收拾、倒垃圾；至少他願意也能夠開著長途車載我到處去；至少他願意二話不說地給我半年的房租。你不知道的是，他曾給了我夢想中的生活：被溫和對待，在如常的日子裡有說有笑地照顧著彼此。至少在他身邊，我不再得是那個負擔所有日常庶務，卻還被瞧不起的人。至少他不會像你一樣，所到之處留下各種髒亂，還蓄意地為母親本就勞務吃重的生活增添亂子。

你不明白我為何如此選擇。然而我太明白為何自己如此選擇。

我想起了女孩對李政的依戀。我深知讓他們分不開的並非他說的愛，而是她心裡的缺。我們都渴望被擁抱，即便只是虛假。

＊　＊　＊

「我聽老師說他還搞上了一個年紀很小的女生。這樣的人顯然就是心理有問題；你自己念這個科系，又這麼聰明，怎麼不知道呢？」母親說著。

「啪！」我的臉又再次被搧了一記耳光。不僅得承接自己的創傷，我還得為自己的「無知」感到羞恥。我還是念這個科系的，我到底在搞什麼東西？

「對！正是因為那個女生年紀還小，所以才需要幫她一把不是嗎？」有別於對父親的禁聲，我試圖與母親對話。

「我知道妳是想幫那個女生一把，但那個女生的家庭本來就有一些問題不是嗎？妳還跑去跟人家的媽媽聯絡，是想要報復她嗎？」

我知道自己的行為非同常人，但沒想到母親對此的認知理解居然和我對自己的認識有這麼大的落差。

「我要報復她我還私下跟她母親聯絡？我全部都抖上網讓那個女生直接名聲臭掉不是更快？正是因為那個家庭的功能不足，所以才更需要有人從旁協助不是嗎？」我不解母親的不解。

人的嘴巴要講別人總是特別容易。我驚訝地發現就連自己的父母都難以理解我的心思。也是，換作是一般人，又怎麼會大費周章地做出這些行動？然而我是我，我選擇做出跟一般人不一樣的舉動。畢竟，如果我掉頭就走，那我念什麼書呢？做為研究者，我要如何善用知識改變這個社會，眼下不就正有一個活生生的例子嗎？如果不改變，我們如何阻止女孩（們）繼續被捲入相同的劇本，在親密關係裡被摧殘上百年呢？

這些，同為女性，承載著世代沿襲父權宰制與壓迫的母親，卻看不見。

＊＊＊

在修習博士學位的這幾年間，我接觸了多少相關專業知識，歷經了多少小時的諮商時數。我明白一切的問題核心都必然回歸到原生家庭的探討；這裡頭涉及了我如何形塑自己的價值，以及我如何選擇伴侶。是啊，如果我的原生家庭父親的角色充足，我又何必向外尋求不健康的依附？然而我的父親似乎認為一切都與他無關，母親則只將自己視為受害者，將她悲慘生活的一切源頭都指向父親。而眼前的問題，都只是「我」一個人的問題。

＊＊＊

父親問：「妳覺得我們愧對妳了嗎？我們到底哪裡還做得不夠好？」

就是這一刻了嗎？這一刻終於到了嗎？我們終於能夠談話，讓這個家庭產生新的契機了嗎？

那個對話的開口打開了，然而我卻再也無法維持理智。

我想要宣洩我的不滿。那些我在這個家裡受到的委屈，我通通都想在這一刻咆哮出來。

我的眼淚率先衝出眼眶，比任何語言都快。

「就像每次你吃完宵夜總是把各種垃圾和空瓶丟滿地，早上媽媽一起床就得彎下腰收拾。還有你每次都對媽媽大吼，我聽了就覺得很煩！為什麼你不能學會好好說話？好好收拾自己製造的垃圾？不要給我們增加這麼多生活負擔！」我情緒激昂。

「對啊，你老是在別人面前對我大小聲，根本就不尊重人！」母親藉由我的口在此刻再補上一腳。

我想起自己有次毅然決然帶著母親前往花東旅遊三天。在旅程的最後一晚回到家中，桌上堆著滿坑滿谷的餐盒和廚餘。然而時間緊迫，我只能和兄長快速沉默地收拾乾淨，讓餐桌恢復往常的秩序和明亮，好減輕母親旅行返家後的身體勞累。我希望這趟為她精心安排的旅程有個完美的結束，讓她不必在返家的第一眼就隨即看見那日復一日的髒亂。父親的手碰不得髒；那全是我們（這些下等人）的責任。

我的家庭結構穩固，上有爺爺、奶奶、父親、兄長，最後才是我。我的需求和渴望，總是得在母親將其他人的安排妥當後才可能輪到，不然就是就和她的一起消失在沉默中。然而在李政身邊，我至少可以是第一位，或是與他平等協商的那個。他的眼中有我，我想要的可以立即實現，不必總是等待，也不需要總是置於他人後面。我受夠了所有和我的女性身分綁在一起的家務，也受夠了永遠和我的母親綁在一起的人生。

我的成長過程裡沒有父親；至少沒有一個會接送孩子或參與成長的父親。那個年代的父親所擔負的責任似乎只要把錢拿回家就可以了；可是我的需求卻遠大於此。而母親傳達給我的是，我必須尊重和取悅父親。只要他高興，她的日子就好過一點；但那與我何干？我不懂，他總是對妳頤指氣使，妳卻要我對他表示尊重，我的內在充滿無解的矛盾和衝突。沉默，已經是懂事後的我，在這個權力不對等的家庭結構裡能給出的最大尊重。

* * *

「不是啊，妳怎麼講到後來好像都是我們父母的錯呢？」父親不解的語氣裡帶著一絲迴避。

「我沒有說都是你們的錯。我只是想說如果你真的想知道的話，那不如等哥哥回來，我們四個人一起坐下來好好談談。」

如果真的能有所轉變未嘗不是件好事呢？我語帶侵略，心裡盼望他足夠勇敢，能跨出那一步。然而我了解自己的父親。我下意識地感受到父親的退縮；那裡面有他不願面對的恐懼。我盼望就算是像火山爆發般四個人激烈的爭吵都好；每個人都得有一次機會放肆宣洩，將那些曾經過度壓抑的內在全都噴發成灰。我想毀壞的，究竟是我自己，或者是那被禁錮在鋪天蓋地父權結構之下的壓迫？黑色的粒子飄散在空中，地上或許有捧碎的碗盤。然而在這一波核彈爆發的斷垣殘壁中，我們終究得起身收拾這一切。只是這一次，至少我們能夠重新一起，瓦解舊有的一切，讓生命和家庭有翻新的可能。

在某個瞬間，我以為我能擁有這樣的期待。

＊　＊　＊

「好，我以後都不會再過問妳和他的事。妳自己保重，不要再做出傷父母心的事情來。」

我驚訝；那個由父親開啟的對話，也由他硬生生的關上。

我撐大的雙眼滾落豆大的淚珠。我驚訝，驚訝父親再次用隔離的策略從眼前的狀況逃開，也將他自己隔離在我和我所處的複雜情境之外；我驚訝，但心裡也突然有一些東西，清空了。

「好！」我有力地說出那聲「好」；就像過去一樣，我的成長與課題，是我自己的責任。

自我有記憶以來，父親似乎就無法處理任何複雜的情況，總是以「麻煩」或是各種不合理的藉口拒絕一切需要變動的事物。父親無能回應他生命中的各種狀況，當然也包含我的。

除了「好」以外，我不知道自己還能回應些什麼。那一聲「好」，有我對他無能的同理和釋然。

＊　＊　＊

我之所以選擇走向死亡，原因並不只是親密關係遭到背叛這樣表面簡單。那裡面有因這個親密創傷牽起的一連串的未爆彈，包括我混亂又低下的自我價值、對親密關係的矛盾和困惑，以及對生命和眼前局面無力改變的絕望感。而形成這些的初始環境，正是來自於家庭。

在我無法為自己的生命找到出路的此刻，我的母親問我：「妳在做這些事情的時候，有想過媽媽的感受嗎？」

「碰！」這句話如同另一顆炸彈在我腦中炸開。

我倒抽一口氣，心想：天哪……妳有看見我已經快要不行了嗎？就算是在這樣的情況下，我仍然必須將妳擺在我之前嗎？妳怎麼能夠這麼殘忍？

母親親情的呼喚，或許是想讓我和她重新產生情感上的連結，然而她不知道的是，我早就受夠這一切。在母親與我的關係裡，只有那些從她身上分出來的責任，才是讓我們命運相連的命脈。扮演好母親的角色和維持母親任勞任怨的形象，是她生命中的第一要務。那些身為母親和長媳的責任遠比她的所有需求都來得重要，而那些超出她負荷的，自然得由我和兄長接收完成。

母親的話語透漏著無論在怎樣的情況下，我都必須顧及她的狀態和心情。我早就和母親一樣，學會無限制地剝削自己，以照護、餵養別人的需求。我意識到，就像在這段關係裡，我不知不覺地想站上那個掌握局面的角色，彷彿被某種力量驅迫地，處理李政和少女混亂的關係，而竟將自己的需求和情緒壓到最後。母親尚有能力不錯的我幫忙分擔，只是誰能來幫我分擔我的人生呢？我太需要外部的情感資源支撐自己。

母親以我的獨立和表現出色自豪。然而她不知道的是，為了減輕她的負擔，我早就學會必須得把自己照顧好，如此才有餘力為她分攤那些壓在她身上的重擔，還有那些父親甩手不管的責任。然而我的體貼似乎成為母親依賴和索求的溫床；我做的似乎永遠都不夠，那裡還有我「應該」分攤的這些，還有那些——比預期的多，還要更多。只要我有能力，他人的需索就沒有盡頭。

無論我在外面如何獨立自主，回到家我也只能穿上圍裙、戴上手套，和她成為相同，也必須相同的存在，好讓她的悲慘人生不至於只是她一個人孤單承受，還有我和她一起共享著那無法翻轉的命運，甚至成為這個結構裡位置更低的存在。然而我不忍捨棄她獨自一人。於是我在成為自己的路上掙扎，也為自己想拋棄那無形的拉扯感到罪惡。

＊＊＊

我深切地體認到我的自殺，是家裡無力處理的議題。對於女兒脫序、超出他們能接受的社會規範的行為。我值得的謾罵和究責，遠超過於我需要的安慰。我們從未再提起那件事，好像事情從未發生一樣。即使帶著期望，努力嘗試突破，帶來的家庭結構鬆動可能令人悲傷。我知道在往後的餘生裡，我得憑藉自己的力量穿越，像過去一樣。

9. 病態人格

所有的資源都離我而去，我被限制了人身自由，還身處在一個無法鬆動的結構裡。我要逃離這裡。

現在的我該怎麼辦？我該如何讓自己脫離這個困境？如果把改變的動力放在我自己身上，還有什麼是我能做的？

＊　＊　＊

為什麼我的親密伴侶總是充滿謊言？面對這樣的關係，我該如何明確提出我的要求，請他改變？

我偶然看見《為什麼他說謊，卻毫無罪惡感？》這本書。心理專家蘇珊．佛沃的這句話打中了我：

「我要懇請妳深入剖析自己，勇敢面對真相，弄清楚到底發生了什麼事，或者在那一段戀情中很有可能會發生什麼事。無論多麼傷感情，真相永遠是妳最可靠的盟友。」

真相到底是什麼？他真的不愛我嗎？那些他曾經對我的好都是虛假的嗎？還是他的心裡也有許多未解的傷？我是否可以盡可能地陪伴他，並運用我所有的心理和醫療資源幫助他看見，釐清他的謊言背後的真相？

但，如果他是惡意的呢？

「『惡意』的謊言是一種刻意的欺騙、蓄意的傷害。即使它可能躲在安慰、保護、無辜、害怕、逃避，種種看似溫柔或無能為力的偽裝背後，包裝在各式華麗的詞藻與理由之下，那依舊是會讓人痛且淌血的謊言。」

「他在裝可憐，想博取妳的同情。」我想起少女母親曾這麼跟我說，但我寧願相信這些荒唐行為的背後都有他的裡由；萬一他也只是原生家庭裡備受創傷，亟欲渴望被愛和缺乏安全感的孩子呢？受傷的靈魂，也有被愛的權利吧？我想要相信那些關於他行為背後惡意動機的猜測和念頭，不是真的。身處教育圈的我，必須相信人有改變的潛力，教育才得以著力。只是在少女面前，他顯得既無辜又無能為力，就像一個需要溫暖懷抱、尋求慰藉的傷者。到底哪一個才是真的？

「跟一個既欺騙妳又不肯聽妳話的男人在一起，你們會有怎樣的前途？

跟一個既欺騙妳，當妳想糾正他時，又想威嚇妳的男人在一起，會有怎樣的前途？

跟一個既欺騙妳又不懂得尊重妳的男人在一起，會有怎樣的前途？

跟一個既欺騙妳又拒絕與妳攜手改善關係的男人在一起，會有怎樣的前途？

很可惜，所有這些問題的答案都是：一點前途都沒有。」

我好想知道李政在每個女孩面前不同的嘴臉，背後究竟是為什麼？如果這是一段注定沒有前途的關係，那麼必須離開的不僅僅是我，少女亦同。

我太想知道答案了。

* * *

我想知道是否有人曾遭遇和我一樣，令人充滿困惑、走極端又絕望的親密關係？為何我的關係裡充滿謊言？為何我的親密愛人轉眼變成了一個我不認識的人？為何他毫不認為自己的行為有錯且持續遊走在道德的邊界？為何他不願分手卻又繼續出現各種破壞關係的行為？如果這一切都是我的問題而我不改變的話，是否我終生都將再遇見這樣的伴侶？

我發現了《當愛變成了情感操縱：從病態關係出走，找回自信與自在》這本書。內容來自一位平凡女性的自述，而她在親密關係裡所經歷的謊言、身心失調、自殺等戲碼，和我的生命經驗有大幅度的雷同。作者丈夫出軌並不斷合理化自身行為的模式，和李政很相似。在她尋找真相的過程中，赫然發現自己的丈夫符合所有「病態人格」的標準。

病態人格。什麼是病態人格？這是我第一次看見這個名詞。在我曾接觸過的醫學和心理專業知識裡都未曾見過。我想我知道的太少了。
我的心底產生一道光，接著一頭栽進了病態人格的世界。
我想，我找到答案了。

＊＊＊

一**切都是從病態且破壞性的謊言開始的**。

「病態人格風趣迷人、行事衝動、毫無悔意、永不認錯。」是的，他缺乏罪惡感、不受良心譴責——他搞上一個未成年女孩。「病態人格自恃甚高、通常都是自戀狂。」是的，他無視對方家長的權威，將自己視為少女生命的主宰。「病態人格追求刺激、缺乏現實目標。」是的，他追逐著多人的關係，並且在仕途升遷上毫無動力。

與病態人格的關係總是這樣；妳知道一切都不「正常」，但又說不上到底哪裡怪。因為那背後隱藏了他的情感操縱，模糊了妳的現實感，讓妳對自己產生懷疑，並且在他的計畫中一步步地被摧毀。是的，我以為一切都只是因為我不夠好，不夠配合、不夠順從，才讓自己面臨要被拋棄的命運。原先的我澎湃熱情，卻在這段關係中愛得所剩無幾。

「鏡像反射是病態人格經常使用的手法之一。他會評估目標對象，表現出對方喜歡的模樣，以及對方甚至沒察覺到的喜好。他反射地如此徹底，讓對方真心以為自己找到了靈魂伴侶。」我仔細回憶：在我和李政經常前往高山或海邊之前，他似乎從未有喜愛大自然的痕跡。我長年接觸身心靈的事物，而他也慢慢習得了一些相關的語言。我感覺他似乎不對這些特別感興趣，他卻告訴我，「喜歡一個人，本來就會慢慢變得跟她越來越像。」這是真的嗎？他說我明明渴望陪伴卻倔強；當時的我驚訝於他的敏銳，能夠讀出連自己都並未察覺的心思。我就這樣在他的語言中軟化、卸下心房，以為自己遇見了真命天子。而他對少女也一樣；讀出了她心底的缺口和渴望，讓她奮不顧身。原來我以為的親密愛人，不過是反射我內在的脆弱和陰影產生的幻象。那個我最初愛上的人，似乎根本就不存在。

「他們就像變色龍一樣，按照妳的夢想、期待與不安全感來改變自己呈現在妳面前的樣子，從而迅速取得妳在激情與迷幻之下建立的信任。」是的，在我、少女或是乾妹面前，他總是呈現出不同的樣貌。我和少女都一樣，經歷了這場為女孩量身打造的騙局。下一刻我突然驚覺並感到害怕，害怕他剽竊了我的樣子，習得了我的語言；穿上如同我一般的外衣，能夠更不費吹灰之力地，向無知的女孩兜售自己虛無的才華，或是佯裝自己有愛，是溫柔且情長的絕佳伴侶。我的社會形象良好，而這竟也可能成為他仿效、進而圖利自己的一種方式。我感到一陣哆嗦。

「精神病態的戀物癖（psychopath fetishes），通常都是腿。」和他一模一樣。

「吞食愛好（vore）；這是病態人格常有的傾向，是一種像蛇一樣活生生將受害者一口吞下，是一種無法在現實生活中表現出來的性幻想。」確實，在這段感情裡，我和少女都像被他生吞活剝一般失去自己。這也坐實了為何李政只鍾情於青少女；因為只有這個年紀的女孩毫無招架之力。

「他們討厭孤獨的感受。」完全沒錯。

「病態人格缺乏身分認同，內心的黑暗慾望總是蠢蠢欲動；他們是空虛的生物，會做出極端的行為，只為感受到自己的存在。」待在李政身邊的時候，我時常能感受他對生活的百無聊賴，還有他內在龐大的空寂。而正是這自我中心的一片空白導致他追求各種誇張的劇本，填補他空無一物的人生。他說他只想和一個人平淡地過著日子，但我卻在他身上經歷了比一般人更多的瘋狂劇碼。

「病態人格，無法在關係裡忠誠。」我知道，也看見了。

我的心底掀起一波又一波的震盪。那些文字居然如此貼切地映照著我所經驗的情節和情緒；誇張又不合常理的行為也和我身邊那個在親密關係中將我付之一炬的男人雷同。

我恍然大悟。是的，他並不「正常」。

我的心裡，有個什麼打開了。

＊　＊　＊

我如同獲得救贖般，開始大量吸收關於病態人格的知識。我從未如此認真精進於學問。我想知道：與病態人格發展的關係未來會如何？然而所有的證據都指向同一個方向：**病態人格實屬天性異常，終生無法治癒，也不會改變。你無法教會一個沒有良心的人何謂「良心」。最好的辦法，就是離開他，或和他保持距離。**

無止盡的謊言、層出不窮的第三者，以及迂迴複雜的精神操縱手段，是和病態人格關係裡的三大特徵。這完全是我和少女經歷的寫照。

「**病態人格有追求刺激的本能。**」一段長遠且必須承諾的感情，對他們來說顯得無趣又累贅。如果一段關係無法帶給他們新刺激，他們很快會對這段關係失去興趣，並將目光投注到其他人身上。這呼應了為何李政的關係總是走極端，也解釋了為什麼他的關係裡永遠存在第三者。只有這樣「不同於一般」的三角關係，才能顯得饒富趣味。

「**病態人格善於操弄關係。前女友是病態人格最常用來駕馭妳的工具。**」李政將曉曉放進我和他的關係裡，讓我費盡心思跟前女友的影子較量，同時我也被放進了他和少女的關係。我不確定我的吞忍是否讓李政在心裡竊喜他成功、不動聲色地折磨著我，但我確定我的憤怒被李政嘲諷為大驚小怪、不夠大方。藉由曉曉和少女的存在，**他有意無意地想讓我知道：我是可以被取代的**。這不但誘發了我害怕被拋棄的恐懼，也一併模糊了我在關係裡的價值和地位。

病態人格者對於將女孩推向進退維谷的懸崖樂此不疲。為了維護和他的關係，我和少女在裡頭飽受挫敗、痛苦、折磨，全都成了他感受自己存在的精神食糧，也滿足了他自戀的狂妄。「愛、理解、包容，對他們都不管用。」我以為用盡我所有的愛，就能帶來他的感動和改變；殊不知這原來是本末倒置、以卵擊石，我對他的包容反而成為允許他一再對我的心臟猛刺的助力。

我回想起交往的點滴歷歷在目。為了留在這段關係裡，我委屈、又試圖改變了多少的自己；帶著壓抑的憤怒和混亂的自我價值，強迫自己接受不認同的價值觀，造成了自己的認知失調（cognitive dissonance：係指人為了解決內心對於事件的矛盾不安，而改變自身行為或思想，來欺騙自己）。然而李政卻花大把的時間在合理化自己的行為，不認錯也不道歉，還企圖將關係中一切的責任與錯誤都歸咎於我。

「即使他們保證不會再犯，但那是不可能的。永遠不要相信他們。」

＊　＊　＊

原來這一切都錯了。我努力的方向完全是白費力氣。病態人格是違反人性和常態的。任何在一般情境合理的推論和邏輯，在病態人格者身上都不適用。怪不得；一個「正常」的人在謊言被拆穿後應該會坦白認錯，至少也會展現一點歉意；但李政在面對少女家人當面的責難時，毫無反應。

對應記憶中的美好、我們曾擁有的生活，我沒想過那個讓我墜入愛河並投以關係承諾的男子，實際上居然如此病態。

一切都有了解答！為何我在這段關係裡耗盡心力，甚至放進了許多心理諮商的專業應用、尋求改變的策略，卻都毫不管用？回過頭去看，我想盡辦法讓少女離開、說服李政接受治療、不惜花大把時間和心神與少女家人溝通，在他眼裡都只是破壞他劇本的手段而已。我以為培養親密關係需要真誠的自我揭露，卻沒想到我的開陳布公都成為他不動聲色地向我實施精神操縱的籌碼。我將自己所有的弱點暴露在一個嗜血之人面前，恰好完美契合了他的需求。我的真誠為自己雙手奉上一把利刃，讓他能不著痕跡地刺痛我，卻還假裝自己是拯救者，無私地陪伴在我身邊，博得外人的同情與憐憫。

他知道我的道德觀感和教育理念，知道我會為了少女奮不顧身；然而卻從中作梗，更加緊抓少女的心，用語言迷惑少女，讓我和少女家人急跳腳。他在背後蓄意操弄著，讓我所做的一切終將無效。我們是一對戀人，卻在同一件事情上的利益互相對立。我費盡心思地想將一切導向正軌，而他卻巴不得這個劇本越走越極端。

我渴望回到「正常」的兩人世界，渴望他回到我身邊。然而我所有的努力都被他從背後無情操弄，令我耗盡精氣神。不僅連死亡都不管用，最後還只能接受他用拋棄作為最後的羞辱的手段，踐踏我的自尊。

一波一波複雜又劇烈的情緒朝我襲來，我震驚、痛苦、惶恐、羞愧。

我甚至無法要求他「正常一點」。

在病態人格者面前，愛是無用的，而真實令人心碎。

＊　＊　＊

診斷呢？如果我能讓他確診，是不是就能向世人證明他的危險與瘋狂，好證明瘋的人不是我？我憑藉著自己和他相處中的記憶，試著用「病態人格診斷工具」（Psychopathy Checklist- Revised, *PCL-R*）評量著他的各種行徑，然而結果卻不達診斷的標準。我感到大失所望。我將這個結果告訴心理師並表達了我的絕望，好像無論我怎麼做，都無法提供一個確切的證據讓世人肯認他的危險，如此他便能繼續肆意地搗毀這個世界。

「是啊，他沒有達到臨床診斷的標準；但那並不表示他不病態。」心理師說道。「在我看來，他偏向『邊緣型人格』與『戲劇型人格』；這樣的人他自己不痛苦，但在他身邊的那個人，會很痛苦。」

我安靜地聽，並思索著。我與我的心理師都同意他在人格特質上的偏態，只是我無法強押著他到醫院鑑定，希望他得到明確的診斷，好向少女及其家人證明我是對的：他在關係裡的危險是必然。那我還可以怎麼做，盡快將這類人的危險性讓社會大眾知道？

＊　＊　＊

在歷經幾個月的沉澱之後，我向我的指導教授提出，我想做病態人格的研究。

我的指導教授是位宅心仁厚、富有修養的學者，他知道我所遭遇的一切，還說：「我做了這麼多年正向心理學的研究，現在妳要帶我走進暗黑心理學的世界了。」我們對這樣的反差相視而笑。

放眼望去，病態人格所屬的暗黑心理學領域（dark psychology）尚未在臺灣扎根；雖有科普譯本但缺乏本土經驗的探討。對於尚踏在養成階段的年輕學者來說，要大刀闊斧開創新的研究領域並不容易，但我迫切的希望臺灣的女孩和家長都能了解病態情人的危險，好讓她們不再淪落至自己的下場。

＊　＊　＊

隨著知識帶給我的力量，病態人格的樣貌漸漸在我面前被拆解開來。我所有的心痛漸漸得到了平息。我知道我永遠無法阻止下一個女孩成為他的獵物，但至少希望眼前的少女能離開。

10. 那把刀是誰射出去的？

少女母親告訴我，等大考結束，會讓少女給家人一個交代。我不知道作為家長想要得到的，到底是什麼樣的交代。但我也暗自祈禱，希望少女能做出正確的選擇，讓這一切就留在懵懂的高中歲月，揮別錯誤的關係，帶著全新的狀態前往大學，展開新的人生吧。

只是在少女大考結束後，歸還她的手機不到三天的時間內，少女母親就再次發現少女與李政的通訊紀錄。自由的空氣也再次凝結，我對此並不感到意外。少女畢竟是大腦發育尚未成熟的青少年，更何況李政是蓄意操弄。要能讓少女做出有效的行為改變，不是靠理性抑制就能解決的，然而少女家人卻想的如此簡單。只是我也漸漸地對少女的行為感到不耐。如果連我都要失去耐性的話，少女家人想必更抑不可止吧。

＊　＊　＊

好不容易說服家人讓我回到台北後，我利用自己此刻的身心孱弱為藉口，近乎哀求的請李政不要在這個時候離開我，看在我還沒有力氣站起來的份上。我知道自己幾乎是顏面盡失地做出這樣的請求，也知道這是一個歹戲拖棚的權宜之計，但我不知道還能怎麼做才能盡可能地阻止他去找少女。我沒有預料到的是，李政居然答應再陪伴我一段時間，也表示他希望看到我的生活步回正軌。毫無尊嚴可言的我對他此刻的舉止感到感激；如果他還願意留下來，或許我對他還有一定程度的重要性吧？

期望看到我的生活回到正軌這件事給了我動力。按照我（或他）對我的期許，我慢慢地回到研究室，縱使舉步維艱，生活逐漸有了改變。即使知道他可能是潛在的病態人格者，我仍然企圖想將他留在我身邊。因為要是把他放出去，這些失控的情節必定會再次上演，但到時我無法阻止。如果我再試著好好營造一次，回到剛開始那個溫柔開朗，能夠給他滿滿的愛的女孩的話，說不定可以再暫時留住他一會兒……。儘管痛苦，我想要盡可能地牽制他，走一天算一天。

然而他卻告訴我，這段關係勢必是要結束的，如果他繼續留下，我也只會一直耍賴，不願讓自己好起來。「我不可能一直這樣陪著妳，妳要獨立一點。」我不知道聽著這席話的自己臉上究竟是什麼表情；我心裡或許有劇烈的咆嘯聲卻無力反抗。

最終在某一年的年底，他明確地告訴我，他愛少女，他要回去找她，和我的關係也必須結束。我震驚、憤怒又羞愧；即使這段關係已經走鐘又失衡，即使我低聲下氣地想再嘗試，即使我用盡心機地想要牽制他離開，但這一天終究是到了。

我失去了「女友」的身分，無法再合情合理地對他進行任何要求。仔細回想，就算擁有「女友」的頭銜，身為「女友」該受到的尊重在這段關係裡也早不見蹤影。和病態人格者交往的女性，地位和身分都是模糊的。乾妹說的對，李政從來不把曉曉當一回事；我們都在這段關係裡喪失了自己的價值。「女友」只是一個代名詞，不具備親密關係上真正的意義。

這段親密關係在名義上正式的結束，然而我卻早已深陷，不知道該如何離開這段關係。

＊　＊　＊

李政告訴我，即便分手，我對他而言仍然是「重要的人」，在他心中有不可抹滅的地位；只要我有需要，他仍然會來到我的身邊。這些話，就和當年他對著我說曉曉有多麼重要一樣。我一點也不想，卻自動地被他安放在「朋友」的位置了。

親密關係的身分已然失去，但作為專業人員的判斷卻無法不介入。我心中產生了兩個明確的盼望；一是希望李政接受治療；任何形式的專業心理資源都可以，好讓他意識到自己的病態，或僅是紓解他心中的鬱悶、釐清他在親密關係中的未竟之事也可以；二是我希望少女離開。至於我自己呢？我想我應該要消失在少女與李政的關係中，這應該是少女最希望的吧，雖然那也是當初的我最希望的。

「妳不可以消失。我會和她說明，如果要和我在一起的話，就要接受這個事實。」

李政一本正經地說。

「我還是很期待有一天能夠和妳一起，像以前一樣吃飯、聊天，或在妳家樓下散步。就算我們不是情侶；如果有一天我真的和她在一起了。」

這些話一方面刺痛了我的心，然而另一方面，我的腦袋瞬間警鈴大作；一個清楚又明確的聲音從我腦海中蹦出：「第三者！他想讓我成為第三者！」

我簡直不敢相信自己的耳朵聽見了什麼。過去和現在，我和曉曉在物換星移間成為彼此的第三者。而眼下和未來，他意圖交換我和少女的位置，讓彼此成為永恆的第三者。「前女友」，我即將成為那個所有女性的夢靨，在少女過去和往後的生命裡一個如鬼魅般的存在。一直以來他都手持雙面刃，一面刺向我，一面刺向少女，如今還擅自作主、希望能繼續從我們兩個身上得到好處。從他的神情和語氣中我可以感覺出來，他認為自己說的，天經地義。

從他對未來和少女關係的盤算，他大概以為自己是這段關係裡的神（或者說，是和女人的每一段關係）。少女可以任憑他的意願被擺放在任何位置，而少女無權擁有意見。在和他的關係裡，女性的價值取決於她是否足夠順從；配合的女孩才有糖吃，否則降臨的，就是懲罰。李政絲毫未察覺他的言論透露出完全的自利和狂妄。

我聽著，心想這一切都太黑暗了！少女顯然是不知道李政如何盤算著他們的關係，計畫如何創造一個全新的局面，再次將少女推向痛苦的深淵。到底憑什麼少女要承受這一切？她只是個即將邁入大一的新鮮人；前途尚未展開就要葬送在你手裡。同時我還得聽著自己曾經深愛的他，親口向我預告他和她的未來，以及刻劃我和他之間「必須」延續的關係。這一切都讓我椎心刺骨。

我知道自己不能再落入這樣的角色，但少女是否能逃脫呢？她是否能明白即使有一天她成為正宮，終究無法擺脫他的關係操弄和荼毒，以及在這樣的循環裡必然遇見的下一個第三者？

＊　＊　＊

少女母親告訴我，因為屢屢被揭發的謊言，他們考慮讓少女留在南部就學就好，也方便就近看管。我的內心充滿矛盾；我希望少女能夠追尋她的夢想，就如同每一個女孩都有追尋夢想的權力一樣。然而近在眼前的問題是，少女無法為自己的言行負責，而那裡又有一個虎視眈眈的成年男子。

李政告訴我，少女最後一次和他聯繫，是希望他能幫她補送件，讓她能順利在北部的大學先行註冊。我詫異於少女敢將自己的身家資料和學涯發展的重大決定統統交到一個被父母視為有病的男子手上。他們之間的關係，到底已經發展到多麼黏膩的程度？

「拜託你們可不可以不要那麼誇張！」我對李政脫口而出。

＊　＊　＊

過了一段時日，少女母親一派愉快地告訴我，他們已與少女約定好：只要不再與李政聯繫，他們就讓少女前往台北念大學，而少女答應了。

「怎麼可能！」我心想；好不容易盼到少女終於是自由之身，他怎麼可能會善罷甘休？這分明是一個自我欺騙的約定，少女父母又怎麼可能不知道？

「孩子是自己的，必要時還是得相信。」少女母親這麼跟我說，也表示自己不願在此破壞少女和自己的關係。我能夠理解；畢竟我所感覺到的少女和家人間的情感依附淡薄，若再失去和母親的關係，恐怕對往後的日子更加不利。少女母親曾對我說，少女對她相當貼心，或許能夠藉著彼此的牽絆讓少女回心轉意。只是身為局外人，我並不相信少女的承諾，同時也對這樣的教養策略有所質疑。一旦真的被發現違反約定，少女父母真的會強制少女退學，並且有能力讓少女銜接回南部的大學就讀嗎？在我看來，這極有可能是一個無效的行為約定；父母祭出無法徹底執行的教養策略，反而成了縱容孩子不負責任行為的幫兇。

然而我無權對此表達什麼。在他們的眼中，這個問題這樣就算是解決了。我除了再次提醒過往重複發生的事實外，就算心急也無法再多做些什麼。但我知道這一切都不會結束。我不能在這裡放手。

＊ ＊ ＊

一日晚間，我的胃突然緊縮了起來；那種胃被掏空、發涼的感覺，就和過去每次我發現李政與少女有所聯繫時一模一樣。我試著撥打電話給他，想應證我的身體感覺是否為真，雖然聽起來有點瘋狂。而他很快地接起。

「你在哪？」我小心翼翼地試探。

「台北。我剛到住處而已。」

「你上來找她？」

「對。」

我感覺到頭上的雷擊；一切都如我預期。

「你不怕被發現她就要被送回南部的學校？」我感到憤怒又矛盾。

「她一上台北就和我聯繫了。對，所以妳不要告訴她的家人。」

「現在還要我配合你們說謊？」我整個人惱怒，他竟然還有臉對我提出要求！

「妳知道她有多努力才考上台北的學校嗎？妳為什麼要這樣摧毀她的夢想？！」

我被先發制人地指責，竟啞口無言。是我嗎？難道摧毀她夢想的人，不是她自己嗎？

在與我通電話的同時，李政的文字簡訊也沒閒著。他告訴少女已將北上約會的事實告知我；少女質問他為何這麼做，李政僅回答「因為她問我」。

「然後你就告訴她？」少女寫下：「我爸媽會殺了我。」很奇怪吧？按照常理，他不是應該盡可能地對我隱藏他們見面的事實嗎？明知讓我得知他們見面就有可能再度讓少女失去自由，為什麼他能這麼毫無遮掩地對少女據實以告？好奇怪啊！如果愛一個人，知道她的夢想，也知道她和家人有所約定，卻找到機會立刻從中干涉，讓她破壞自己立下的誓言。那真的是愛嗎？

「妳一定要這樣，弄得每個人都不高興嗎？」李政對我說道。他的語氣一如往常平淡冷漠。我竟然感覺不到他的一絲憤怒，反而感受到了自己的愧疚。

「如果她的夢想不能實現，都是妳造成的！」

「都是妳害她的！是妳讓她被父母禁足，失去自由，現在連夢想也要失去了。」

* * *

他喋喋不休的抨擊引發了我的錯愕，也讓我的腦袋瞬間斷片、無法思考。那是我的錯嗎？我以為我在保護她，難道不是嗎？還是我只是追求著自以為是的正義，實際上卻對少女的自由痛下殺手——那個被我視為最高價值的自由？如果那不是我的錯，為什麼他能這麼義正嚴詞的對我大力栽贓？

「偽君子。」他的嘴裡再次塑造出一個我不認識的自己。我的身體開始抽搐並無法克制地掉淚；原來，我並不是我以為的那個樣子嗎？

由於情緒太過混亂，我緊急約了我的個管師進行晤談。我踉蹌地在她面前坐下，胡亂地交代事情的經過。我覺得自己身上背負著無以名狀的重罪。我以為自己的雙手，正扼殺著少女的自由。

她靜靜地聽完我的故事，然後說道：

「有沒有可能，是他們都需要一樣的劇本呢？」

「什麼意思？」我不解地問。

「我想他很了解妳。他明知讓妳知道，妳必然會轉身告訴少女的父母，而少女的父母就會對少女進行懲處。而少女在被懲處的高壓下又會再次向他索取情感上的依賴和慰藉，如此一來他能夠再次扮演那個溫柔撫慰她的『拯救者』角色。表面上好像都是因為妳的告密才讓她被父母懲罰，然而實際上卻是他利用了妳一定會告訴父母這點，讓少女陷入了即使被父母施壓，仍必須要不斷向他證明，自己真的有和他在一起的決心的這個循環。」

「他需要她去證明，就算父母拿刀砍她，她也想和他在一起的決心。而她需要去證明，自己就算被父母砍，也要和他在一起。他們的關係是建立在這樣的互動上。但那是不健康的。」

「所以，少女說父母會殺了她的那把刀，究竟是誰射出去的呢？」

她的提問揭開了我的雙眼看不見的事實，只是我仍然感到茫然與自責。

「……可是我覺得……我好像也停不下來……」

「那是一個誇張的劇本，沒人能停得下來。」

「但按下那個開關，讓這一切循環停不下來的，究竟是誰呢？」

我默不作聲。過了許久才恍然大悟，自己又被病態人格的胡亂栽贓擺了一道。

我以為能夠辨識出他的病態人格，自己就已大有所長，沒想到在情緒和自我定位上，卻依舊被他迅速地擊潰。在這個情境裡，我被他賦予了劊子手的角色，也被貼上了摧毀少女夢想的標籤。我在拼命想改變這一切的同時，還得盡可能讓自己看起來不像惡意破壞前任和新對象感情發展的瘋狂前女友。

「……所以在妳眼中，我仍然是一個善良的人嗎？」

我怯生生地問出口；這個問題對我至關重要。我想知道究竟是我自以為自己的所做所為善良？或是其實只是我看不見自己作為背後的邪惡，像李政一樣？

「妳是善良的，妳只是無法在這個劇本裡善良。但那也只是一部分的妳，並非全部的妳。」她說。

「他跟少女，都各有他們的狀況。少女的家庭也是。妳是裡面相對健全，並確實為各方考量的人。」

是這樣嗎？所以，那不是愛，對嗎？

「他真的如他所說的愛她嗎？他愛一個人的方式這麼瘋狂又恐怖，即使讓她遭受家人的責難或是限制自由都不改其道。這真的是愛嗎？」我著急又困惑地問，因為我想要證明：他真的不愛她。

「妳覺得呢？」個管師笑著回應了我的問題。

我回想著自己是如何和周遭人建立關係；關係建立在信任之上，彼此真誠相待，交流的目的絕對不在於製造他人痛苦，更不會以愛之名殺戮。

「是他讓這個事件裡的每個人都痛苦不堪。」

原來，我真的不是他說的那個樣子。我這才感到卸下了無以名狀的重擔。

「……我是不是，好像其實可以，快樂一點？」我不確定地問著。

「當然。我覺得好像看到一尊地藏王菩薩；妳用自己的身體擋在少女前面，」她平靜地說著，「但妳也可以想想，怎麼做，才是對妳自己最好的？」

聽到地藏王菩薩的我，破涕為笑。

＊　＊　＊

走出個管師的辦公室，原先的愁雲慘霧已散去。那個背負在我身上「迫害者」的重擔，被這場對話洗刷掉了。我讚嘆著這場對話帶給我的療效和啟發，更對我的個管師產生了敬意。我對自己的幸運充滿了感激，感激在這條路上總能遇見擁有大愛的心理工作者，陪伴在我身邊。

回家後我快速地寫下筆記，以避免自己再度被他的任何語言扭曲，並產生自我懷疑或是無盡的自責。即便已經確認他的病態人格，我明白此刻的自己仍然需要專業工作者從旁協助。我需要這樣的筆記，時時刻刻提醒自己不再被他的語言怪罪混淆心智。同時我也害怕；害怕自己很快就忘了那樣清明的自己。

我寫了封信給我的個管師，感謝她的一席話對我產生的巨大療效，將我從混亂的狀態中抽離，幫助我從外面看到自己在這個事件中的角色。她用她的專業讓我看破了這個局，讓我了解圍繞在我、李政、少女、少女家人間的動力循環究竟是如何運作的，也協助我看穿了他打算將所有的錯都加諸在我頭上的詭計，並利用我的善良讓我對自己進行道德譴責。我感覺如釋重負，彷彿又更靠近了真相一點。

很快地我收到了個管師的回信，上面寫道：

「謝謝妳的信，我看了也很有力量。或許那天的對話是個轉機，但是我想這一路走來妳也成熟和醞釀許多，往正向改變的時機成熟了。這一切都是妳種下好的種子，或許過程中遇到颱風和許多考驗，但是終究會開花結果的:）如果有需要，歡迎再聊聊！」

一股溫暖在我的心底打開。是的，即便我在這樣的歷程中產生了嚴重的自我懷疑，懷疑自己的起心動念，懷疑自己是否真的立意良善，但在專業助人工作者的眼中，我仍然是良善並帶有良知的。

「即便我無法相信自己，也要相信專業的判斷吧？」我這樣跟自己說。
即使不確定現在的自己是什麼樣子，但我發現，自己正被愛著。
我發現自己的眼角有淚。

11. 情緒虐待

我想要知道得更多。

為什麼？為什麼腳長在我身上，我卻走不了？我的腳，好像被什麼黑黑黏黏的東西黏住了。明明知道這段關係荒唐離譜，為什麼我就是離不開？明明知道在關係裡自己布滿眼淚，為什麼我卻對它的逝去感到恐懼、悲傷？

我為什麼讓自己落入這麼卑微又可憐的場景裡又不願離開？

我的裡面，到底出了什麼問題？

到底是什麼控制了我，讓我動彈不得？

What's inside of me?

＊　＊　＊

我在書店裡遊走，祈求上天給我一點徵兆。如果知識曾經如火炬般將我從絕望中解放，引領我走上尋求解答的道路，那麼請再次為我指引。我的目光渙散地在書店的四周游移，而我的右手在輕拂過一本書後停了下來。

那是一本厚厚的書，封面是一隻綠色的拳頭，標題大大地寫著《他為什麼這麼做？》

他為什麼這麼做？這也是我懸在心上未解的問題。難道我只能這樣被對待？難道我只值得這樣被對待？然而下一刻吸引我目光的副標是：親密關係暴力。

我們都知道，許多受暴婦女終其一生留在受暴關係中沒有離開；她們選擇隱忍，因為孩子、親友的安全，或者是經濟支持、社會眼光。這其中牽涉龐大的系統，而造成受暴婦女不願、或無法離開暴力關係的心理機制，則更是複雜，外人難以理解。然而一旦涉及「暴力」，看待問題和處理的層次就必須拉至另外一個更高的層級。

李政未曾對我造成肢體上的傷害，反倒是我曾經因情緒失控揍了他一拳。比起他，我是不是更容易因這一次的肢體傷害，更加吻合「恐怖情人」的特徵，或是更容易受到法律制裁？在旁人眼裡，我是不是更像那個施加暴力的加害者，而他反而像是受害者？可是只有肢體暴力才算是暴力嗎？那些交往以來試圖扭曲我的價值觀、羞辱我的自尊、讓我懷疑自己、遭到刻意打壓的自我價值，甚至使我意圖毀滅自己的心理操縱，就不算暴力了嗎？

如果將那些毒打在肢體上形成瘀青的力道，換成是有意識地重擊在一個人的心臟上，或是狠狠地摑掌在一個人的自尊上，讓她趴倒在地，就不算暴力、邪惡的嗎？

那隻綠色的拳頭瞬間連結了我無意識裡因遭受權力壓迫而埋藏的恐懼。然而我想起的並不是李政，而是我的父親。

即使我們曾信誓旦旦地說，絕對不要找個像父親一樣的伴侶；我們是否終究，選擇了一個與父親雷同的男人？為什麼？

《他為什麼這麼做？》的作者，美國家庭暴力與施虐專家，朗迪・班克羅夫特，在書本的開端即為我提供了解答。我倒抽了一口氣。

「施虐男性指的是那些**反覆不尊重**、**控制**、**侮辱或貶抑伴侶的男人**，不論他的行為是否涉及明確的言語虐待、肢體暴力或性虐待。上述行為都會對女人的人生造成嚴重的衝擊，令她們困惑、憂鬱、焦慮或害怕。」

這是一個新的觀點。虐待的判斷準則並非取決於男性的語言或行為，而是女性的感受和所受到的影響。這是一個以女性為主體的脈絡，讓我們得以重新去思考親密關係暴力的本質。**重點並不在他，而是身為女性主體的「我」**。我感到精神振奮。然而女性要能察覺到自己正在跟施虐者交往，或是正身處一段虐待關係，往往需要很長的時間，並且需要專業他人和社會資源的支持。

「數百萬婦女雖不曾挨打，但生活中反覆遭到言語攻擊、羞辱、性要脅和其他形式的心理虐待，而且時常伴隨經濟剝削。精神虐待所造成的創傷通常不及毆打或摑掌那麼明顯，但傷害往往**同樣**深久長遠。有至少半數曾受伴侶暴力對待的婦女表示，**男性施以**

的情緒虐待所造成的傷害最大。」

是的。施虐就是暴力，精神／情緒虐待也是暴力，讓女人產生困惑、恐懼的精神操縱，就是暴力虐待的一種形式。

我想起了我的母親。為什麼她留在這段婚姻裡，沒有離開？

＊＊＊

那些都是我再熟悉不過的場景。

只要不順他的意，父親總是立刻暴怒。辱罵的語言坐落在母親身上，而年少的我也曾因反抗而遭受不可理喻的語言攻擊。父親經常以「拒絕配合」作為懲罰，拖延家中的大小決策，讓事情變得窒礙難行，譬如總是要到最後一刻才告知是否參與行程，讓家人必須為了配合父親隨時變動的心意而付出雙倍的準備時間。隨著年歲老去，父親對成年的我們逐漸趨向沉默寡言，對母親的惡言相向似乎也少了一些。他不再像小時候那般用巴掌揮向我和兄長的臉龐，然而我幼小的自尊彷彿就在那時被擊碎了，沒有長大。

父親好像對這世界上的所有事情都不滿意，生活的各種小事裡總有什麼能觸發他的憤怒。父親的高壓統治，讓我們活在一個被壓制的太平盛世裡。和樂的家庭氣氛是偶發的奇蹟，是母親、兄長和我必須刻意營造或付出才得以維持的光景。**所謂的和平，是靠犧牲某人憤怒的權力換來的假象。**

父親經常限制母親的行動；凡是父親沒有意願參與或認可的活動，母親都能被父親奚落一番。而為了避免引起後續不必要的麻煩，母親也放棄了抵抗，致使她的生活圈越來越狹窄，終日只能以父親或家庭生活打轉。被限制的人身自由和逐漸被剝削的獨立性，使母親的腳更趨萎縮，無法邁出家門，也萎縮了她的自我意識。面對生活中永不停歇的麻煩製造，母親必須犧牲自己的話語權和自由，以換取平靜、不被脅迫的日子。

「虐待行為大部分是為了**懲罰**妳反抗他的控制。」

然而人人都告訴我，在這個家中父親最疼愛我。成年後，只有我的決策能與父親相左；只有我能「未經同意」就帶母親出國旅遊，短暫逃離這個家。我看著小時候父親親吻我的照片，卻感受不到情感連結。我不懂；能夠揮拳揍向別人的人，怎麼會懂什麼是愛？夾雜在暴力對待和生活給予之間，我對愛充滿了困惑。我的父親不懂得尊重女性是事實，而我的母親在這樣的情境中受苦，或許也沒有多餘的愛可以給我。她連給自己都不夠。然而在關係裡，我是否能夠有不同於母親的第二種選擇？

我突然明白了我的母親。因為長期的受虐會使人懷疑自己。施虐者奪走了人類的一項基本權利：生他氣的權利。他認為，不論他對妳多壞，妳都不該提高音量，也不能發火。身而為人，憤怒的權利就這樣在我們身上被剝奪了。面對父親的種種語言攻擊和行為報復，我們不能生氣，也不能反抗，只能強迫被灌輸，吸收他「永遠是對的」的自戀情節。我們所做的決定，永遠都是次等的。

遺憾的是，我長大了，也看見了。

那一切都讓我感到噁心。

＊　＊　＊

「虐待源自於態度和價值觀，而不是感覺。施虐發根於所有權，**權力意識**是支撐的樹幹，**控制**則是向外伸出的枝枒。」

「施虐不是心理問題，而是他對『是非對錯』扭曲的價值觀。」

「施虐男性有著強烈的權力意識，對伴侶抱著不公平且不合理的期待，使得感情總是繞著他的需求打轉。他的態度是：這是妳欠我的。」

我想起李政曾經對我說：「妳的問題就在於你不能忍受我和其他女生模糊不清的關係；那又不一定是真的，但妳非得要讓事情浮上檯面才行。但曉曉可以；只要妳可以繼續忍受，我們就可以繼續在一起。」

他要我扭曲自己的價值觀，明目張膽地要求我犧牲配合以作為關係的解方。

「**長期不忠本身就是虐待**。」

「**精神或心理操縱；那些讓妳用來懷疑自己的所做所為，就是虐待**。」

「**干涉妳的獨立或自由，就是虐待**。如果他害妳休學、阻撓妳追求夢想、危害妳和親友的關係、在金錢上佔妳便宜，那他就是想破壞妳的獨立性。」我想起因他而數度停擺的課業和人生、少女的大學志願、我們都因此與家人起了前所未有的衝突和紛爭，以及我曾經花大錢送給他的包包和鞋子；我以為帶我走向這些的源頭是愛，但其實根本是**虐待**。

「**壓迫就是施虐**。」壓迫心態就是施虐心態。

「施虐者的行為大多**有意識**（他是刻意這麼做，不是不小心失控）。但驅動他行為的深層思考，則大多沒有意識。」也就是說，他知道自己**正在**對妳施虐，但不見得知道自己為何這麼做。

「男性受到權力的吸引，想要尋找會敬畏他，並讓他帶領的伴侶。不少施虐男性都特別喜歡**脆弱的女人**；他們會挑選童年受到折磨或虐待的女人，並在關係中擺出『拯救者』的姿態。」確實，在我們三人當中，少女明顯是最易受傷害的族群。在社會經驗和知識都不對等的情況下，一個十六、七歲的無知少女，怎麼可能弄懂一個具有社會歷練和心思城府的成年男子在盤算什麼？

「**妳沒瘋**。施虐伴侶是怎麼對待妳、怎麼想妳的？**要相信自己的感受**。」

在這段關係裡，我一直懷疑自己，無法下定決心相信自己的感受，其實就是再清楚不過的解答。我的親密伴侶是病態人格者。我以為親密關係的核心是愛，沒想到到頭來這段關係的核心是權力意識。我在這裡所經歷的不合理遭遇、非人道對待，正是權力不對等導致；因為我愛他更勝於他愛我，因此我更願意為了關係做出改變、配合。想到這裡，我頓時感到憤怒。我憤怒自己遭受到這樣的對待，強烈的不甘和怨恨從心底竄出。

當妳看清楚自己的深情正被有心之人無情的濫用，而這段關係中妳只是那個讓他展現權力和優越的對象時，妳怎能不生氣？

＊　＊　＊

「他是不是在虐待我？」

我在和我一同工作超過五年的心理師面前坐下並問道。

「是的。」她說。

再一次，我用知識應證了自己的人生。我驚訝；驚訝自己的腦袋在努力不懈地抽絲剝繭後，居然讓我抵達了關係的真相。然而這是我運用理論知識的推敲，我的心理師是如何從實境中判斷的？

「妳是怎麼判斷，知道他在虐待我的？」

「**他明知那樣做會傷害妳，卻還是做了**。**那就是虐待**。」

是的。他確確實實的明白這麼做會傷害我，卻還是這麼做了。**他清楚地知道自己正在傷害某人**。

「妳注意看妳和他的關係。這裡面是**充滿反轉的**。他一開始對妳相當呵護寵愛，但後面卻一再地將不同的女生拉進你們的關係中。」

「在他將那些女孩子拉進來以後，他始終表現得很無辜，疑惑妳為何會生氣？為什麼妳會覺得受傷？讓妳開始懷疑自己是否是個小題大作、愛吃醋，不夠大方的女友。」

「BUT NO！那些行為都是很**超越界線的**；出於他自私的目的。妳記得妳曾經跟我說過的前女友、他要開車接送其他女孩返家，一直到那個年輕女孩的出現；所有的事情都是超越界線的。甚至那個虐待，都是被包裝得很精密的。」

「那麼少女呢？妳覺得我是怎麼看她的？從我身上妳看到了什麼？」對於一個介入我感情的第三者，我怎麼可能愛她？我確實處心積慮地想要她離開，但我這麼做，究竟只是出於我的私利，還是我真的想幫她一把？對於少女，我一樣充滿矛盾。

「我看到的，是妳想要拉那個女孩子一把，但那個女孩愛得火熱根本不聽。所以妳持續跟她的母親聯繫，要告訴她這個男生很不OK。妳很害怕那個女孩子會走上跟妳一樣的路，要經歷和妳一樣在這段感情裡各種超越界線的行為。」這是真的嗎？我確實是為少女著想的嗎？

「所以到底為什麼，我離不開這段關係呢？」

「妳明白妳身邊有許多資源可以幫助妳看清，但她沒有。她來自支離破碎的家庭，是一個被拋棄的孩子。所以妳不能離開。妳怕妳一離開，而她又對她的父母隱瞞的話，就再也沒有人可以拉住她。妳拚了命的想告訴她這裡有多危險，別過來，拚了命的想把她往外推。可是他一步步引誘，讓她即使走得顛簸也要將步伐邁向他。妳很心急、也很無力。」我以為我對少女只有恨，然而我的心理師卻從旁看見那個堪稱「善良」的我；一個連我都快要遺忘的自己。

「**我還是要再說一次，我覺得妳是被設計的**。他將那個女孩帶進來，控制了妳的憤怒。妳是因為第三者的進入而被迫離開的。但這個『必須離開』，是由他創造的。他創造了一個兩難的局面，讓妳前進也不是，後退也不是。因為他知道妳很善良，只要他緊抓著這個女孩，妳就不會放手。而在這裡面，就有他可以為妳創造痛苦、折磨妳的空間。他也用同樣的手法對待少女，讓妳們針鋒相對，並從中製造她的痛苦，還有她的家人帶給她的壓力和管束。這個男生的操縱太厲害！」

「這一切，到底是從哪裡開始不對勁的？」

「妳花了很多時間和女孩的母親溝通，但到最後妳卻越來越自責。我覺得那裡太不對勁。」她說。

「為什麼，妳沒有再更早一點告訴我？」我感到微慍；既然早知他在虐待我，為何不趕快救我？

她深吸一口氣後說道：「這整件事情，都很詭異。離開諮商室以後，我仍然會花時間想妳的事，所以我花了點時間聯繫我在國外的督導，和他討論了一下妳的狀況。他一聽就告訴我：『注意！這個男的在虐待她。』」

我驚呼；這個自己一路走來、堅持挖掘到底的發現，竟是我的心理師已與她的督導核對過的事實。如果經過了專家的檢驗，就更加坐實了李政在關係裡虐待行為的事實。而這也更加應證了要辨識出情緒虐待的過程確實不容易——不僅需要一個想要探究事實的受害者，和一個二十五年督導經驗的資深心理師，這還不夠，還需要另外一個執業經驗雙倍的，督導的督導。

我著急地追問：「妳是什麼時候知道的？距離現在大概多久？」

「差不多是半年的時間。」

我再次驚訝於這個時間。半年，其實很短啊！而我與我的心理師一起走到共同看見事實的這一刻，居然只相差半年，多麼神奇！我突然大為振奮，覺得自己有極大的潛力可以穿越這個黑暗。我這一路走來所經歷的艱辛，都不會白費。所有因之而起的爛事，都該終結。**那不是愛，而是虐待**。

是的，人生就是會有很多爛事和鳥事。他們存在過就不會消失，但能夠漸漸被遺忘。我好像看見了在遙遠的某一天，我的情緒將不再因此泛起漣漪。這個創傷事件將存在於我的生命中，卻不痛不癢。

「妳是個很聰明的孩子。在我的諮商生涯中，大概只有三個個案說出了和我的督導一樣的話，而妳是其中一個。但也因為妳太聰明，所以不明白有的時候，妳其實可以什麼都不用做，日子可以過得輕鬆一點，不那麼累。」

我回想著自己的人生，似乎從未被允許「不做什麼」。我總是鞭策自己、奮力地追求著什麼；我必須得做些什麼，好讓我的母親可以遠離痛苦一些。

就像驅魔的歷程一樣。一旦你將之命名，便可不再受其控制。**辨識出有毒的人和關係，正是脫離病態人格和情緒虐待的第一步，也是最重要的一步。**

＊＊＊

我感到如釋重負；既然這段關係的本質是虐待，那我勢必得離開。而本質是虐待的關係，任何女孩子，都無法從中獲得幸福。

這是一個值得慶賀的日子。我象徵性地在我的臉書放上一張照片。照片中的我身穿祖母綠的雪紡長洋，裙襬下緣被海浪打溼了一些。我站在能倒映出美麗倒影的都壢海灘，背對著鏡頭，望向遠方。

「紀錄這個值得慶祝的一天。」我簡單地如是寫下。

沒人知道我心裡的澎湃，但我清楚知道，我為自己打了場勝仗。這些歷程何其珍貴，而我為自己感到驕傲。虐待關係，基於許多原因有些人可能一輩子都無法抽身。但從這一刻起，我知道自己就要脫身了。

是的，我要出來了。那少女呢？她會幸福嗎？

真相是，和病態人格者的親密關係，本質上就是虐待。

虐待，是無法用愛、同理和理解來轉化的。別期待情緒虐待的加害者會改變。

我不再期待李政會改變了。

12. 天秤上的戰爭

我曾在愛裡糾結，苦思為何一切沒有合理的答案。但看清真相給了我前所未有的力量。蘇珊．佛沃是對的：「真相永遠是妳最可靠的盟友。」

那麼那個充斥著謊言的李政和少女接下來會如何呢？我投靠的真實是否能在最終成為我永久的依靠？真實的力量需要時間驗證，而我想要知道答案。我選擇繼續看著，看謊言如何繼續作為。

這已變成一場真實與謊言的戰爭。

＊　＊　＊

少女當然沒有返家，繼續在北部求學。看著她的同學在ＩＧ上放著她們一同前往李政工作單位附近的高山遊樂區遊玩，我知道那是李政驅車帶她們前往的。他也曾經帶我去過；那是一個沒有自行開車絕對到不了的地方，大一新生哪有這種能力？我的心感到隱隱作痛又憤怒，恨不得拆穿少女的假面具。我將那個景點就位於李政工作地點附近的訊息告知少女母親，她僅告訴我會再留意。

不出一些日子，少女母親告訴我，少女交男友了，並且也在ＩＧ公開顯示，表示名花有主不讓其他人有機會。但我怎麼可能相信？由於時間點太過接近，我想那只是少女用來搪塞母親的幌子，為了掩蓋她與李政交往的事實，所不得不採取的緩衝之計罷了。我暗自祈禱希望這個男的不會有一天發現，自己只是個被利用來急救墊背的。

少女的救急行為顯然忽視、也侵犯了這名男子幸福的權益。和李政的行為如出一轍，或許她真的才是最適合和李政在一起的人。另一方面，少女母親怎麼可能不知道，在李政的病態人格、情緒虐待之外，我能輕而易舉地一眼看穿她正在包庇少女？少女母親究竟是自願裝作不知道女兒的謊或是？我已不想再多加揣測。But nothing good is born from lie，無論是說謊，或是包庇說謊，都和謊言站在同一側。我僅對少女母親表達虛偽的祝福，表示希望少女能好好與男友發展「平等的」關係。但我一點也不相信作為謊言綜合體的李政和少女，會做出什麼公義的行為。

約莫過了兩個月的某天晚上，我赫然發現李政的臉書突然將大頭貼與封面全數換成了少女的照片，並搭配上一篇文情並茂的分手文。此時的我已不再回覆李政的任何訊息，因為我已決心要與虐待關係切割。他在我生日時傳了訊息祝福，但主要目的是在向我訴說自己的感情生活已可悲到自己不知道該怎麼辦的地步，同時也再次要求我不要和少女的家人聯繫。

「我輸了，徹徹底底地輸了，這都是拜妳所賜。妳可以安安穩穩地去吃一頓很好的生日大餐，然後回到妳平日的生活了。畢竟，妳已經成功的打敗我，也成功的打擊我了。拜託妳回到那個善良的妳好嗎？不要再繼續下去了，我求妳了……」

那聲淚俱下的搖尾乞憐，跟過去在這段感情裡苦苦哀求他回到我身邊的自己，有何不同呢？然而一切都已經來不及了，我下定決心不再對他抱有任何同情。還有，我要如何安排我的生日，關你什麼事？同一時間，少女母親也收到了李政懇切希望面談的訊息。少女母親詢問我怎麼看，我僅告訴她是否答應和李政見面是她的自由，而我這邊已不再回覆他任何訊息。任何的聯繫都有可能是再次開啟惡夢般循環的裂縫，而我已決定不再任他予取予求。少女母親也表示似乎沒有聯繫的必要。溝通的大門在我們這端雙雙關上了；只是在這之前，我們何嘗不是一而再、再而三的給了空間，希望他修正自己？

收到李政的訊息的時候，我以為他可能只是被甩了。如果這是來自少女的決定，我並不意外，畢竟這在我眼中才是「正確」的選擇。然而李政的貼文與少女母親告知我少女已穩定交往的時間並不相符，約莫有兩個月的時間差距。所以，是少女劈腿囉？這不僅是對母親再一次的誆騙，侵犯他人權益的行為也和李政不相上下。我了然於心；少女處理情感問題的方式，和李政如出一轍。長久以來我一直試圖說服自己少女心思單純、並非有意侵犯，眼下看來實非如此。

「去看看他的臉書吧，全是您女兒的照片。」兩個月前少女母親信誓旦旦的保證，成了打臉自己的工具。所有他公開的照片清晰地展露少女的五官。文情並茂的分手文斗大的寫下：給我一生的最愛，並接著少女的全名。我倒抽一口氣；那些我不敢做的事，他全做了。這段我和少女母親都極力替少女名譽掩蓋的經歷，他卻一夕之間全抖出來了。這是他的報復。

「我氣炸了。」少女母親回傳。

＊　＊　＊

約莫過了半餉，我收到了來自李政久違但充滿謾罵的訊息。

「我實在很不懂，妳這樣一直迫害是為了什麼，到底又得到什麼？」我迫害？

「妳這只是假裝出於善意的惡意罷了。我不是警告過妳了嗎？」

「妳這樣只是令人厭惡與噁心。我的一生中從未像這樣這麼討厭過一個人。」

「縱使其他人都喜愛妳，而妳也只會秀出妳看起來貌似良善的一面。但妳這樣不斷暗箭傷人、不斷抹黑攻擊、不斷試圖用高層次架構做陰險的事，我是不可能會原諒妳的。」

我曾經深愛過的人，如今只將我視為噁心又惹人厭的存在。我感到心痛。然而我從未捏造或抹黑；我所能傳遞的，全部是由少女和李政親手創造出來的「事實」。然而，「我不是警告過妳了嗎？」這句話，確實讓我產生了恐懼。不過沒關係，我一點也不需要你的原諒，也不需要你認同我的善良。

至少女孩離開了吧？我想。就算是搭著別人離開也沒關係，我也寧願對此睜一隻眼、閉一隻眼。我深吸了一口氣；也許這就是現下最好的了，因為我相信任何人都會比他好。

＊　＊　＊

「通常，當渣男有另一個獵物時，才是妳最有可能安全下庄的時候。」彰化基督教醫院司法精神醫學中心主任，王俸鋼醫師的書裡寫道。

但我卻執意讓女孩離開。看到李政的分手文，我想這次是真的了。因為只有他說的分手才真的算數，至少在名義上是如此。我想我成功了。但當這一切都成真的時候卻也徹底惹惱了李政，因為從來沒有人，可以不按照他安排好的劇碼演出。李政在對我投以威脅的訊息後便封鎖了我。我感覺到他要做些什麼。而封鎖我也意味著對他而言，我不再具有利用價值。但那不見得是壞事。

我明白自己之所以被拋棄，正是因為我的獨立性已逐漸長了出來。我的意志堅定，不再有能轉圜的餘地。我選擇了以知識和專業為靠岸，不再聽信他的一字一句。對於不能控制的人，離開或拋棄，也只是施虐者作為踐踏妳自尊最後的手段。

* * *

就像對少女的報復手段一樣，他在臉書公開了我的姓名、學歷與照片，指摘我是一個「邪惡的心理學博士」，說我將自己刻畫成被劈腿的受害者，不但偽善還處心積慮破壞他和少女的感情。字裡行間不斷流露對少女的思念和愛慕，同時還不忘替少女伸張正義；說我一直針對少女汙衊與孤立她，讓少女時刻都備感家人的監控和壓力。甚至捏造了我「仗著離家近，假日就來我家看燈有沒有亮」，講得我行徑形同跟蹤狂。我的老天，少女今天的下場，難道不是她咎由自取？

我看著這些驚心觸目的文字，恐懼、憤怒地顫抖著。一個月前李政楚楚可憐祈求的樣子，根本不是真的。我以為他對自己的行為有所悔意，然而此刻他的行為跟不可理喻的瘋狗有什麼兩樣？我的腦袋再次受到了嚴重的衝擊；卑鄙無恥的人果然沒有下限。

那些都是片面對他有利的說詞。文中的他和少女是受害者，我才是迫害者。同時我相信這樣的文字背後必定藏著再次撩撥少女感情的目的，好像他處處都為她著想。然而那些遭他刻意扭曲了的時間線，隱蔽了在與我交往期間即與少女過從甚密、邀請未成年少女返家獨處、少女家人對他投以的抨擊、被少女母親投訴行為不當的事實，以及所有他和少女的謊言和荒唐行徑，卻隻字未提。

我看著他的同袍或親友對他投以安慰的字眼，心想，如果今天他伸出手的是你家的孩子，你是否還能如此淡定地對他投以同情的目光？

「怎麼會有人無恥到這種地步？」我在我的心理師面前奮力地怒吼並哭泣。

＊＊＊

「妳有聽過『蠍子渡河』的故事嗎？」

「什麼？」

「有一隻蠍子想過河，但牠不會游泳。正好有個好心人路過河邊，蠍子便問他：『你可以帶我一起過河嗎？』由於蠍子身懷劇毒，又會螫人，好心人便道：『我可以帶你渡河，但你能保證不用毒刺螫傷我嗎？』蠍子回答：『不會不會，我保證不會傷害你。』於是好心人便拎著蠍子一同渡河。就在雙方甫成功上岸之際，蠍子猛地向好心人螫了一刀；好心人頓時頭暈目眩、跌倒在地。他痛苦地問道：『為什麼？你不是保證不會傷害我了嗎？』蠍子緩緩地道：『沒辦法，這是我的天性。』」

李政就像蠍子。病態人格者有傷人的天性，無法改變。就算表現得再怎麼深情款款、充滿悔意，終究有一天會將那根毒刺刺向妳，然後悻悻然地離開。

好消息是，病態人格者仍然會給你承諾；壞消息是，即使他們給了妳承諾，也沒什麼用。

我感到心慌。究竟會有多少人相信他說的話？我拚了命地想成就良善，卻在世人面前被刻意揑造成扭曲的邪惡。我崩潰地傷心欲絕，對人性感受到的失望再次來到下限。這一路走來的艱辛，又瞬間瓦解在我面前。

＊＊＊

我該如何收起我的眼淚活下去？他想要擊潰我，但我不能再次讓他得逞；除了跌倒在地哭泣以外，我還能做什麼？這個世界，究竟有誰可以給我我應得的正義？我不能再繼續縱容這些謊言在我的人生裡流竄。我心裡有個聲音重複告訴我：「我不能再退讓。」

如果有一天我站上了大學講堂，而學生卻對我的品格在台下竊竊私語，我該如何立足？我要吞下去嗎？我要容忍他散布那些關於我為人處事的流言蜚語，在外面流傳而不做點什麼嗎？如果有一天，當我的學生同樣遇到這類無恥渣男、到我面前哭訴時，我是否只能拍拍她的肩、告訴她「認了吧」？我如果不試著反抗，推倒那面由謊言建構的高牆，要如何在未來跟女孩們說，妳要積極、勇敢地為自已發聲？如果我什麼都沒為自己做的話，我跟光說不練，站在岸邊把人推下水，卻雙手抱胸站在岸上觀看他們溺水的劊子手，有什麼兩樣？

在這個世界，父權可以強力地壓制妳，渣男可以無恥地虧待妳，但是身為女性，我們是不是可以為自己做點什麼？我們是不是可以團結一點，讓彼此成為強而有力的依靠，不再讓同為女性的雙方成為被渣男操弄、互相攻擊的對立面？

這一次，我可以為自己怎麼做呢？少女已經離開了；怎麼做，才是對我自己最好的呢？如果我將這整個事件開誠布公地攤在法律面前，法律專業會怎麼看待這件事？在法官面前，李政還能這麼囂張嗎？

過去的我不斷地為每個人考量，包括少女的名譽、李政的仕途。然而此刻我再也不需要考慮這些了；過去的關係都已經不存在，現在，我只需要為自己考量即可。我內在的需求和聲音，是指引我行動的唯一關鍵。這一次，我要為自己扎扎實實地奮戰。不為別人，就為自己。

* * *

問題來了：如果要提告的話，我要自己草擬書狀嗎？我該怎麼開始？或是我該聘請律師？可是律師費好貴。我真的要這樣趕盡殺絕嗎？萬一又引起他更大的報復怎麼辦？我好害怕。我好擔心我家人的安危。唯一能讓我停下來的，是我對家人安全的顧慮。可是，我卻怎麼樣也無法說服自己「算了」。

各種想法在我的腦海裡不斷衝擊，擔憂、害怕的情緒也在我心頭擺盪。我的終極原則是要永久的與病態者切割，以保障我往後人生的最佳利益。幾經思量，委任律師出庭成為勢在必行的做法。這也意味著我必須付出一筆所費不貲的律師費，然而這是我為自己做的。我相信她會值得。

我又花了幾個月的時間，將再次因他的公開汙名化而擊潰的自己攙扶起來。重新調整好自己的狀態，準備迎向下一場結合法律資源的戰爭。經由友人的介紹，我簽下了委任律師的合約。律師為我擬下的書狀以民事訴訟為主，內容包含李政可能涉及「和誘」、「略誘」之行為罪名，以及蓄意在公開場合扭曲事實、散布不實評論，企圖打擊我的形象，對我的人格、名譽造成妨害。我一點都不想要他的錢，所以在賠償的部分僅要求刊登道歉啟事和公益捐款。承認自己的錯誤，並將我的清白還給我，是我最主要的訴求。

經由律師的案例查證和說明，我明白「妨害名譽」的判決絕大多數來自法官的主觀認定；但那無妨。如果和病態人格者的纏鬥必須要走到法律層級的話，那就讓事情朝這個方向發展。我想，他的胡言亂語或許能成功矇騙過少女和曾經的我，但一旦搬上檯面在法庭相見，法官是否仍然會買他的帳？從頭到尾，我清清楚楚地看見他帶給我和少女的身心毀滅，還有他那說變就變的嘴臉，但我該怎麼讓法官清楚、具體地瞭解到，這一切事情發生的原委其實橫貫數年，而非當下擺在他眼下「妨害名譽」的事實這麼簡單而已？

就像韓劇《黑暗榮耀》說的，這輩子絕對不能省的費用，是律師的委任費。

由於疫情的關係，開庭的時間又延宕了幾個月。我緊繃的神經，和伴隨著的精神壓力和痛苦又延長了一些時日。開庭的日期恰巧訂在我口試的前兩天。此刻的我正埋首於準備取得博士學位的最終口試，而僅有少數人知道此刻的我身上同時背負著官司的壓力。我明白開庭日期在即，而我盡可能地不讓它影響自己。

* * *

委任律師在我約定好的日子，也就是我口試結束後的兩天，將開庭的狀況摘述給我並做了討論。針對我們的提告內容，李政的回應是這樣的：1.他認為他所宣稱的內容是「基於公益」，並且有在事後補充說明我是很好的人，還歡迎各方專業與我合作；2.他主張我侵害他的私人隱私是「破壞公益」，並害他現在被軍隊觀察；3.他強調他與少女的關係遭我介入，才稱「跟蹤狂」等語。

「基於公益」？到底是誰的公益？那裡面，是否有關乎我和少女的公益？先指稱我是邪惡的心理學博士，再於日後為我平反，好顯得你其實有良心又客觀？用委任律師的說法，這是「在大街上罵人，在小巷裡道歉」的行為，我們都無法接受。

而我的委任律師也針對上述一一反駁：1.他所主張的內容完全不是公益，已經明顯誹謗到我的名譽；而且事後那也不是道歉，已經坦承上述內容是在攻擊我的名聲；2.被軍隊觀察是因為與未成年女子交往；3.根據原文，他所指稱的跟蹤狂是指住很近觀察，而不是他所稱的內容。

我想法官應該明白我的意圖；我要的是名譽上的清白和他的道歉，目的不是款項，和解也是要求捐款。在這樣的條件之下，我想我應已盡可能地展現我的「善意」。我希望走到這一步，他能夠意識到自身行為的荒唐和錯誤。如果作為愛人的我無法讓他明白自己的行為有錯，那就試著讓公正的第三方，法律來評斷。

但即使在法官的勸戒下，李政仍然堅持不認錯，也不願意和解道歉。即便我所提供的條件已對他十分厚待，但他依舊故我。試圖用無關的語言穿鑿附會、模糊焦點；明明文字證據擺在眼前，他卻能硬生生將它拗成別的。我了然於心，這是他一貫的作風，沒有改變。然而專業的法務人員，是否能識破他的詭計呢？那是我最關心的。

「法官有大力斥責他，說怎麼可以這樣說別人呢？也有勸他和解，但他不願意。」

我知道在最終的判決下來之前，一切都充滿變數。但法官斥責李政、勸說和解的行為，讓我有了點信心。法律條文跟判決依據我不懂，但在和委任律師的交談中，我感覺他聽起來輕鬆愉悅，我也就放下了擔心，沒再多問。我抱持著對勝仗的期望，靜待著判決下來。

如果成真的話，一切將會變得怎麼樣呢？我不禁思考著，察覺到自己的眼裡有光。

＊　＊　＊

然而在預定收到法院判決的那一天，我並未接獲律師的任何訊息。我暗忖事情或許有別的發展；我需要一點時間來接受這個事實。約莫過了一週，我主動寄信詢問律師判決狀況；律師告訴我，我們的請求被法院駁回了；不僅連罰款沒有，連道歉聲明也一律被駁回。也就是說，他公開在臉書指稱我為「邪惡的心理學博士、跟蹤狂」一詞，經法律認證，未對我的名譽造成損害。

「我們會待收受法院判決正本（通常約一至兩週後），再跟您分析瞭解法院的狀況。」

怎麼會這樣？雖然些許驚訝，但我平靜地接受了這個事實。這是我在決定打這場官司前就告訴自己的：無論官司的結果如何，我都接受它。只是我思忖著，為什麼一開始勝券在握的氛圍，卻在判決時急轉直下？到底是什麼改變了？

＊　＊　＊

一週後我收到了律師轉寄的判決書，並向我說明了判決書的摘要：

「依照判決內容所載，法官似乎僅就對方所提出之對話內容，就認為對方受有壓力，可以發表自己心情，然而卻針對『邪惡』等文字內容是否涉及誹謗、公然侮辱沒有論證說明。此部分顯然有所偏頗。然而誹謗與公然侮辱之構成，也會受到法官的主觀想法所影響，並非每個法官都是做相同認定。」

我耐下心仔細地閱讀了判決書，發現了和我的律師所闡述的相同結論：法官判決的主要依據在引證李政提供的對話紀錄，內容為我與少女父母聯繫，致使少女父母對李政的工作單位進行投訴，而導致李政承受、產生「巨大心理壓力」。判決的內容如是寫下：「而其言論均為其主觀看法與感受，在客觀上無法判定已對原告的社會評價產生名譽受損之事實，故駁回請求。」

判決書上長長的經查說明我瞭解，但令我驚訝的是，判決書中對李政指稱我為邪惡博士或是跟蹤狂的字眼隻字未提。作為一個法律門外漢，我不明白我的主要訴求為何被一個毫無直接關聯的理由駁回？總而言之，李政恣意在網路平台上公開指稱我為邪惡博士的言論，是經法院認可無罪的行為。

「被告此言論仍應受憲法言論自由所保障。」判決書上這樣寫著。

但我仍然不明白。這裡有太多太多，我不明白。

＊　＊　＊

一週後，我和律師約了電話會談，瞭解再上訴的可能、二審策略及相關費用等等。

「您認為是什麼改變了？」我問。

「我想可能是法官後來詳閱書面資料的當下產生了對被告的同情心，因此改變了想法。再來是我出庭的時候語氣是比較嚴厲、指責的，可能少了一點人味？或許下一次出庭我們可以更改訴訟策略，改為陳述您的直接感受，或是由您直接出庭，也許會讓新的承審法官有不同的想法。」

「施虐者試圖讓所有人關注他的感覺，這麼一來，就不會有人注意到他的想法。」

事實證明他完全知道如何把自己包裝得無助又可憐；兜了這麼一圈，我自然不會再對他產生任何同情，但法官未必。然而他成功了。他再一次狡猾地逃過了為自己的言行所需付出的代價。

在我、兩名執業經驗超過四十年的心理師、少女的一雙父母、一名律師及一名法官，至少五名專業心理、醫療與法務人員的包圍下，李政再一次成功地逃脫；他無須為自己的荒謬行為負起責任，也無須修正自己的行為。他是自由的。

「**病態人格是連專業的醫療人員都能蒙騙過關的人。**」書上是這麼寫的；但我萬萬沒想到在現實生活中，他真的能夠像隻蛻皮的蜥蜴般一而再、再而三地從所有專業人員面前溜走。李政確實很懂如何讓自身語言和行為遊走在法律和道德的邊緣。病態人格，太了不起！

我能夠從律師的語氣裡感覺到他些許的失望。官司打輸了的挫敗感，或許他比我更深。而隨著我們回顧著這整個歷程，我可以感受到律師剛強、武裝的樣貌正在融化，於是我試著問道：「對於這個結果，您覺得怎麼樣呢？」

律師停頓了幾秒，回答道：「不瞞您說，我也是蠻驚訝的。其實開庭的過程都很順利，法官也問了他貼文的公開時程和瀏覽人次，這些都是做判決時客觀也重要的依據。我當下握緊拳頭想說YES！應該OK了。開庭後我們同業也有互相討論這個案子，覺得應該十之八九沒什麼問題了。殊不知……關於這個結果我們團隊也有討論，法官可能改變的原因就像剛剛跟您提到的那樣……」

在這一刻我能感受到律師的情緒。他對判決的訝異、不解或憤怒可能不亞於我。我很欣慰，也很高興我感受到了我的委任律師身而為人的那個部分。我們的交流不僅在艱澀的官司上，還有與之相關的情感。我不是法律專家，我是心理人員。我更重視的是那些生命裡的交流，好比人與人相處之間最簡單、也最基本的特質，好比信任。

「那麼，就您的專業而言，您會建議我怎麼做呢？」此時此刻，我相信來自客觀且專業的建議。律師向我說明了再上訴的流程，分析了再上訴成功的可能。內容細瑣繁複，而我們都沒有把握再一次是否就能抵達我的訴求，以及我還有多少時間、心力與資源成本，再打下一場可能耗精費時的官司。

「我覺得您可以想一下，打贏這場官司，能夠為您帶來什麼？也許當初打這場官司，贏了對您來說可能有一百萬的價值。但也許到了今天，這場官司的輸贏或許已對您不再那麼重要；扣除掉您所需要花費的金錢、時間和心力，也許它最後只剩一百塊的價值。您可以衡量看看。」

律師的這番話讓我想起了心理師曾跟我說過的一個故事。

「有一個人去參加了吃蘋果大賽。他拼命吃、拼命吃，吃了一百個蘋果，拿到了第一名。最後獎品揭曉，是六個蘋果。」

這個共時性像寺院裡的晨鐘，敲響了我心裡的些什麼。

我沒有想到，我會從律師的口中聽見和心理師所說一樣的故事。畢竟法律一直以來給人生冷的印象，但律師的一席話讓我感受到了「人」的情感。在嚴峻的攻防輸贏和利益得失之外，我的律師同樣也給出了身而為人、具有情感價值的考量。我很驚訝，也很感恩。

是啊，會不會只要我一轉身，這些事情就過去了？

＊　＊　＊

一週後，我在不上訴聲明書上親手簽下我的名字，並向律師致意。律師表明知悉，並祝福我生活愉快、工作順利。我人生中的第一場官司，就在這裡劃下了句點。

是的，我決定在這裡放下。

儘管法律並未給予我想要的，但我決定在這裡停止這一切。

此刻我終於明白：有些人、有些事，再怎麼樣都無法改變。在病態人格者身上，我用盡一切努力也不會得到我想要的結果；無論是最初承諾的愛，或是最終的法律制裁。既然所有盡力過後的嘗試都無效，那麼我決定轉換一個全新的方式：我決定將所有我想要的改變，都放回自己身上。

我已決定不再和李政有所牽連。按照業力法則，一旦我從這段關係裡撤出，所有的事情都會如其所是的回到他的本位。只要我在這裡放下了，事情就會有新的開展。那個誰也停不下來的劇本，我選擇此刻在我身上停下來——如果說這裡還有誰能理性抉擇的話。我決定讓我所想要的改變，都在我身上發生，親自做那個改變的人。我並非原諒了李政，也並非不再怨懟少女，但我不必再隨著那些情愛糾葛感到痛苦，也無須再隨著他人的劇本起舞。至於我呢？我始終堅持「善的循環」，也知道果報未必在當下現前。在長遠的未來裡，是否能如同她說的，我確實種下了好的種子，能夠在某一天循著這樣的因開出善良的果？我所信賴的真實，是否能成為我最終的依靠？我等待時間告訴我答案。

也許有一天我會這麼想：法律沒有給我我想要的，未嘗不是件好事？

＊　＊　＊

我轉頭看向自己的生活，發現一切安好。我已在這波驚滔駭浪中取得我的博士學位，完成了我心嚮往的研究。即使她只是一個初初的幼苗，但我期待她會在某一天發芽茁壯，回饋社會。

妳無法傷害一個沒有感覺的人。妳能做的，就是重新聚焦於自己，將生命的主權拿回到自己手上。

更重要的是，我明白我的身邊已有許多愛我的人。

第二部

療癒之路

病態人格可能重創妳的自我價值；
然而一旦下定決心離開有毒的關係，
妳也就正式踏上了重新尋回生命主權的療癒之路。
最深沉的療癒必定迫使妳重新面對內在最深層的黑暗。
而擁抱內在的真實，成為最完整的自己，
正是帶領妳邁向真正健康的親密關係，
避免再次吸引渣男進入妳生命的關鍵。

1. 善用醫療資源

我是一名受過專業訓練的醫療人員，也曾在醫療場域工作，因此對於接受醫療協助並不會感到排斥。但當自己的角色有一天從助人者轉為受助者，心情還是頗為複雜，在初期甚至有種諷刺的感覺；連自己都照顧不好的人，怎麼成為專業助人工作者？

* * *

我用自己的生命驗證了《無良這種病》這本書上說的：「許多受到病態人格傷害的人失去了生存的意願。他們不是直接自殺，就是自暴自棄和委靡不振。」試圖結束生命的我接二連三地被帶到不同的醫療機構，那在當時無可避免。

療癒必須發生在保命之後，當時的我需要在一個相對穩定且有人監督的情況下先安頓下來。陷入情緒極度不穩定的時候，我也必須藉由藥物的幫助來穩定自己，或是幫助入睡。我曾害怕自己是否這輩子就必須依賴藥物過活了，然而事實是，藥物的協助只在這個人生的急性期維持了短暫的一段時間。我曾將它們放在抽屜備用，以防有一天我再度需要它們；後來我就忘記了，日子也漸漸回到正軌。

我明白當時的這些醫療介入都在我的生命裡扮演著「救急」的角色。然而就心理學和療癒的層次而言，我也明白「看醫生」和「用藥」無法為我帶來穿透這整個親密創傷事件的洞見。然而身心是分不開的；穩定的生理機制和規律的生活結構是我能夠繼續探索這段親密創傷的前提，我得先活下來才行。

＊　＊　＊

即使盛行率不高，病態人格仍以一定的比例存在於我們之中，但為什麼是我呢？我也很想知道答案。

過去的我，一直都是一個害怕「造成別人麻煩」的人；我習慣單打獨鬥，遇到問題大多也是自己想方法硬幹。這些當然與我的家庭背景有關。這樣的性格讓我在遇到自己無法獨自解決的問題時也難以向他人求助。但沒有人是完美的，世界上沒有全能的人，這段親密關係創傷讓我真正學會卸下「獨自一人扛起所有責任」的恐懼。

即使最堅強的人也會遇到令人難過的情況；再優秀的人都會有陷入困境的時候。承認此刻的自己脆弱又對自己無能為力，反而成為我放過自己的契機。正是因為經驗這樣的轉變，我逐漸變得謙卑，明白人和人之間確實有需要彼此攙扶的時候。不僅對同樣遭遇的女性多了同理，也深刻了悟親密關係對一個女孩形成的創傷，究竟有多麼難受。此刻的我懷抱感謝，知道社會上有一群受過專業訓練的醫療工作者，為當時這樣脆弱又無助的自己存在著。光是這麼想，就讓我的心產生了安全感。

如果你和過去的我一樣，認為求助就是脆弱的行為，代表自己無法管理好自己，或是擔心就醫後的汙名化及他人的眼光，那麼你大概也曾像我一樣：做盡了所有的努力只為了讓自己好起來。然而我想在這裡溫柔提醒，就像這本書的書名一樣，與病態人格者的交往就像越級打怪；當做了一切嘗試都無法讓自己的身心狀況獲得改善，那正表示此刻的你，需要不同於以往的資源幫忙。親友與環境的支持固然重要，但專業人員所能提供的專業協助，不是周遭的人可以取代的。換個想法，讓專業人員協助的這個新嘗試，或許能加速我們從溺水般的死裡掙扎脫離。

你為自己所做過的努力、為了自救所投注的力量都不容小覷。能夠覺察到自己此刻的狀態，可能需要接受專業醫療的協助，正是自救的重要關鍵。光是這麼做，就為自己的人生邁出可敬的一大步。

求助並不丟臉。**求助是勇敢的行為**。尤其是當你面對的對象可能是人格疾患者；通常他們毫無病識感，卻讓身邊的人痛苦不已。但比起他們，你擁有更多的，是改變自己的契機。病態人格者是空虛的生物，但你絕對擁有再一次幸福的可能。**尤其當你所經歷的，是正如病態人格或是受虐般的暴力關係時**，**請務必尋求專業資源的協助**。要記得，在這樣的關係裡，用愛感化、包容與仁慈不是答案。你需要立即的專業協助、保命才是。

* * *

有些人或許會質疑醫療介入所能帶來的療效，或者是因自身、親友過往不良的就醫經驗而再次對專業資源打退堂鼓。我的建議是這樣的：就像買房子一樣，貨比三家不吃虧。許多被檢驗出罹癌的患者，也會透過多間醫療機構的診斷才做出結論。醫師擅長的治療手法、跟隨的理論學派可能跟你的理念或信仰不同，或是你在求助的過程中確實受到不當的處理，造成二次傷害。我的建議是，你仍然能夠給自己第二次機會，去遇到更適合自己的專業人員；就跟親密關係一樣。

人們有時對醫療介入可提供的協助有著錯誤的觀念。以為只要看了醫生、吃了藥，人生就能立刻獲得改善。但那是對醫療資源錯誤的期待和認知，也對醫療資源不公平。人的思想與行為，都是依照過去所有的經驗累積而成，同時也受整個社會脈絡形成各種細緻的變化。試想一個三十歲的成年人，一顆藥物是否能在短短的時間（如一週內）就徹底翻轉了他過去三十年累積起的信念和建立的行為模式？能夠在短時間內改變個人知覺經驗的，大概也只有毒品才做得到了。

親密創傷的療癒沒有特效藥。僅試圖依賴藥物獲得短暫平靜或逃避痛苦，是小看了自己內在改變的力量。專業的陪伴在修復自我的道路上有著加分的效果，但最重要的還是出自於本人的改變意願。這樣痛不欲生的關係，你還想再來一次嗎？如果決定徹底改變，不再吸引病態關係來到身邊，那麼就勇敢地與自己約定；決心去檢視自己生命或生活中失衡的部分，並承擔起為自己的幸福改變的責任，接著確實採取改變的行動。就算只是一天天微小的改變，依然能夠緩慢地前進。就如《原子習慣》所說：「每天都進步百分之一，一年後，你會進步三十七倍」；不要小看自己企圖改變的決心。

＊＊＊

在醫療院所，醫事人員首當其衝的任務就是避免案主自殺身亡。然而在制度和框架之外，從全人的角度來看，人如何有選擇地活著，如何有尊嚴地死去？在經歷親密創傷後，我仍然沒有很好的答案。只是死亡在我面前走過，讓我不得不去重新思考生命的意義究竟為何？親密關係又在當中扮演了什麼樣的角色？在近期熱銷的《我可能錯了》一書中，僧人比約恩和家人共同飛往瑞士，一起見證了父親接受安樂死，讓生命最終在家人的環繞、歡聲笑語中邁向終點。對生命甚或是死亡的開放式討論，是我們的教育目前缺乏的。然而實務工作者的經驗告訴我們：只要能夠安全地談論自殺，那麼自殺行為的風險就會降低。遺憾的是在這個競爭激烈的社會裡，我們學會對他人的痛苦視而不見，整個社會和文化也不去談論死亡。

自殺不能解決問題嗎？在我所看過的資料裡，有自殺意念或自殺企圖者真正渴望的並非解決問題，而是想結束痛苦。只要能夠停止知覺，所有問題和痛苦也就在那一刻結束了。自殺是一個複雜的行為，個體間的差異性甚鉅。如果輕易地評論一個人的自殺行為，那就是過分草率地把自己放在一個優越的位置。在死亡之前，我們都是同等的謙卑。一項調查研究顯示（林尹筑，二〇二二），如「自殺不能解決問題」、「自殺會留給家人無比傷痛」等新聞文末的鼓勵訊息，反而容易引發人「被責備」的負面感受。我想起在《塵沙惑》裡，劉冠廷飾演的角色面目猙獰地喊著：那些口口聲聲叫別人放下仇恨的人，真的懂仇恨是什麼嗎？

被病態人格搗毀的人生真實且痛苦。我想此刻的我有資格這麼說：

「未經他人苦，莫勸他人善。」

2.「心理諮商有效嗎？」

我和我的心理師一起工作了七年，至今也還維持著偶爾見面的關係。她見證過我最多的親密關係挫敗，也是協助我走過我和李政的關係裡最大的支持力量。每當她說出她從旁觀察到，而我未能見著的自己，我總是感到大為震驚。在我因自殺企圖而被轉列為高危個案的當下，我和心理師的工作也必須暫停。我依然記得在我要被送往醫院時，她拄著拐杖也硬是要從另一個校區趕來看我一眼的場景。在電梯門關上前相望的那個眼神，我覺得我失去了一個當時非常重要的支持力量。

心理諮商是一個自我探索和自我理解的過程。有些人可能終其一生都毋須走進諮商室，但我卻對擁有這樣的契機和資源感到感恩。無論是我的個管師或是心理師，她們都幫助了我用第三者的角度從旁觀察李政在與我、與少女間的關係裡不尋常的行為和語言，剖析這些虛假的行為背後真正隱藏的惡意與操縱。當時情緒慌亂又崩潰的我，若不是經由她們的專業協助和穩定陪伴，或許現在也沒有機會說這個故事。在和少女母親溝通的過程裡，我也希望她和少女能獲得真正的協助，而不是只聽到有利於我的片面之詞，因此我也會和個管師、心理師請教該如何和少女的母親溝通，將我在諮商室裡學習到的知識和方法真誠地向少女的母親傳遞。我知道自己不是心理師，但我希望沒有相同資源走進諮商室的她們，也能獲得來自專業且真誠的解決問題方法。

＊　＊　＊

心理諮商是一門獨特的專業。即便在相近的專業領域中，我也不下一次聽見人們質疑心理諮商的效果，在其中受到語言二次傷害的人也不在話下。

「諮商有效嗎？有效的話為什麼要這麼久？」如果僅是就單一事件進行探索，諮商歷程大約可在六到十次內結束（可參考《蛤蟆先生去看心理師》）。然而自我探索確實可以是一個非常長的歷程。人都有防衛機制，那是我們用來保護自己的一種心理機轉，用來避開日常生活中所面臨的焦慮和衝突。有的時候，光是要能卸下防衛機轉，讓人誠實看見真實但也許不堪、受苦的自己（是的，必須誠實看見並承認問題的存在，才是踏上自我療癒的第一步），就需要數個月到數年的時間。情節重大者，如涉及家內性侵、婚姻暴力等，這些更深一層牽涉到權力不對等、壓迫性結構而埋藏地更根深蒂固的故事，所需要花費的時間往往又更加綿長。

＊　＊　＊

一開始我經常在諮商室裡指控李政；為什麼他這麼做？他是不是有病？為什麼他要這樣傷害我？然而這麼長的心理諮商歷程累積下來，我從我的心理師身上學到一個至今仍非常受用的辦法，那就是「將注意力放回自己身上」。當我又陷入歇斯底里、想要一股腦地宣洩時，我的心理師會溫和地詢問我：「現在妳的這裡（手掌碰觸胸口），感覺怎麼樣呢？」

一旦被這樣詢問，我的注意力就會從那個外放的能量收攝回自己身上。不僅是感受自己的身體，連語言也會變成「我覺得……」。當所有的出發點都變成「我」以後，一切似乎就不再那麼不可控了。是的，一旦將目光聚焦在傷害自己的人，我們反而給了他力量。**如果我們學習將注意力集中在自己，那就是把力量灌注在我們之內，也是整趟療癒之路的關鍵**。這樣的歷程也跟正念的內觀、向內看不謀而合。心理師的引導讓我學會把力量放回到自身，專注在我能為自己做的改變還有能為自己療的傷，不再將眼光投射到傷害我的人身上。隨著練習的次數多了，現在的我能夠自動化地邀請自己看向內在。在親密關係之外，這個方法也幫助我能夠在日常生活中外離相，內不亂。

「重點不是那些故事。重點是在這個過程中，你是不是有更清楚的看見自己、認識自己。」這就是諮商的真諦。

＊　＊　＊

我的諮商室裡充滿許多感人的時刻。我的個管師、心理師給予我的支持和同理，都不是我生命中的其他人能取代的。我曾經自責自己的情況增加了她們的工作負擔——無論是必須加班帶我到醫院，或是需要承接我緊急的需求。連我都厭倦了這樣停滯不前、總是陷入情緒風暴的自己，但她們卻用無比的耐心陪伴著我。對於能夠受到這樣的對待，我充滿感激又心懷愧疚。我曾經向她們拋出這樣的疑問：

「為什麼妳願意這樣幫助我呢？」

這個問題或許是對心理從業人員的靈魂拷問，一方面是因為從過去的生活經驗裡，我也難以相信有人願意如此這樣幫助我。然而我卻從她們身上獲得了相同的回應：

「因為我幫助現在的妳，將來，妳可以幫助更多的人。」

這句話在我毫無設防的情況下解開了我對生命的矛盾。**我是值得的**；她們用柔韌又充滿生命歷練的手，四兩撥千金般拂去所有我對自己的不信任與羞愧。我的心被撼動了；我被那樣的語言賦予了力量。在李政口中那個邪惡、摧毀別人夢想的我，在她們眼中卻是帶有無窮潛力、能夠在未來幫助他人的人。那些我被惡意安置的莫須有罪名，就如同蟬蛻的空殼，輕輕地被彈落在地。我記得當時的自己哭到喘不過氣。

語言的力量那麼重。那些眼淚裡有我重生的喜悅、有我瓦解的羞愧，有我一直以來對苛責自己「不夠好」的釋懷，還有長久以來我認為自己「不值得」與「不配」被愛的錯覺與幻覺。心理諮商的歷程一步步地解構我對自我價值的錯誤認知，讓我看見那個內在有力量的自己，學會原諒並和自己和解。如果我能擁抱那個真實且脆弱的自己，那麼我在所有關係裡都將能夠更加同理且寬容。我想那是對我未來的親密關係，以及周遭所有人的祝福。

＊　＊　＊

創傷經驗會使人的記憶和語言變得零碎。在回顧過往的人生時，我發現自己有時候會對當時的記憶變得非常模糊。然而我的心理師就像一部側錄的錄影機，忠實地記錄著我一路走來的歷程。

在這個作品即將步入尾聲的階段，我和她一起回顧並檢視這一段走來不易的生命旅程。

「妳覺得，這些年，我改變最多的是什麼呀？」

「妳最大的改變是，現在的妳相信自己會幸福。妳相信有人會愛妳，而妳也同樣愛著自己。」

這是最棒的禮物了。生命的經歷、變化與韌性，多麼不可思議。即使我的心曾經千瘡百孔、顛沛流離，但此刻的我依然能夠看見世界的美好、依然能夠相信人性中的善，只是多了一些辨識惡意的武器。我之所以能夠轉變成現在的自己，絕大多數的功勞正是來自心理諮商的那些時光；在專業人員的陪伴和引導下，我像洋蔥般一層、一層地慢慢褪去自己的所有偽裝，抵達內在最柔軟又最真實的地方，像和新朋友打招呼一樣，重新認識這個最初的自己。

＊＊＊

心理諮商並非特效藥，也不是非得一輩子做下去不可，端看你的自我探索歷程想走得多深、多遠。過程中需要誠實面對很多積藏已久的不舒服和不愉快，然而最深沉的自我療癒也必然照見最深層的自我黑暗。心理諮商是這條路上最踏實、可靠的嚮導，一步步引領你走向未知的自己。無論這個世界最終如何看待這個故事，我都以自己走過最深沉的自我探索為榮。

3. 知識賦予選擇，真相帶來力量

教育的目的到底是什麼？

我很喜歡哈佛大學校長福斯特（D. G. Faust）在二〇一七年新生致詞中提到的一句話：

「**教育的目的，是確保學生能辨別有人在胡說八道。**」

對應我的真實人生，是再貼切不過了。

＊　＊　＊

前幾年轟動一時的紀錄片《以神之名：信仰的背叛》，揭露了韓國攝理教教主鄭明析如何利用女信徒的順從和迷惘，對多名女性實施性暴力。當中所使用的手法不外乎就是情緒操控與虐待，在女性迷惑的狀態下剝奪了她們對身體的自主權。通常這樣的角色以年齡較長的男性為主，就像我們生命裡失去的父親。然而若未能擁有關於病態人格、情緒操控與精神虐待的知識，我們終將只能在掌權者設計的謎團裡迷失。遇見並吸收了病態人格的知識讓我的人生有了轉機——李政一切違反常理的行為都有了解答，而我的人生也重新擁有撥雲見日的選擇。知識的力量是不容小覷的。

凡是意圖在你的生命裡造神者，都請務必留意他的動機。從李政在對待我和少女的關係的語言裡，都可以看見他一貫的狂妄自大；不管是怪罪少女所能承受的不夠多，或是強迫我接受關係中的第三者。少女的母親是這樣形容李政的：「好像他們家長對自己孩子的想法都不重要，只有自己才是少女生命的主宰，知道怎麼做對少女最好，自己才是最重視少女立場的人。」面對一個自認為擁有絕對權力的在上位者，他不可能讓你擁有「平等」的機會。在病態人格面前，任何女性都只能是無權的那一方。邪教教主或是病態人格都一樣，他們有自詡為神的自戀。唯有辨識出這位男性的操縱行為和潛藏的自大，你才有機會選擇真正「平等」的關係。

在英國心理學家達頓（Kevin Dutton）的調查研究中，帶有宗教權威的神職人員是病態人格者常見職業的排名第八位。遭到社會孤立是必然發生的現象，在我和少女身上都能看見。唯有這樣，心懷不軌的掌權者才更有辦法專注於洗你的腦，並且利用強化的小組包圍你的生活，不讓你有機會去辨別或是向外部求證。這也是為何李政一直希望我不要和少女家人接觸的原因；因為一旦少女從我這邊得到的訊息（包含我以及我的心理師與個管師給少女母親的建議，以及乾妹提供的對話證據）越多，就越有可能讓他的伎倆被拆穿，如此他便失去從與少女的關係中獲得的優越和控制。為了讓李政竭盡所能掩蓋的真相浮出水面，我只能持續和少女母親保持聯繫，雖然效果不彰。

但真理是經得起考驗的，科學是能夠被重複驗證的，神是可以被質疑的，那是身而為人，我們被賦予的自由意志所能行使的權力。如果一段感情談到後來你漸漸發現自己處於不容質疑的人或環境，不要懷疑，這才是他本來的樣子。初期的言和只是偽裝。

* * *

我們如何拆解親密關係裡的謊言？在我受到的科學訓練裡，唯有看見事實、證據才能進行推論。也因此在我的故事裡，我選擇了向第三方尋求證據。造謊者缺乏跨情境的一致性，而病態說謊本為病態人格的特徵之一。只要有心查證，往往就會發現病態情人在每個人面前說的都不一樣；一旦進行核對，很快就能戳破他說的謊。然而就像古老的寓言故事所說：「很久很久以前，謊言和真實在河邊洗澡。謊言先洗好，穿了真實的衣服離開，真實卻不肯穿謊言的衣服。後來，在人們的眼裡，只有穿著真實衣服的謊言，卻很難接受赤裸裸的真實。」

值得注意的是，即使在證據確鑿的情況下，病態人格者仍然能夠顛倒黑白、搬弄是非，就算在專業人士面前亦同（看看我的例子）。讓我再強調一次：**能夠辨識出謊言和不對勁，是離開病態關係和情緒操縱的第一步**。鼓起勇氣擦亮自己的眼睛，看見、接納擺在眼前的事實並不容易，但愛不是聽他說了什麼，而是看他做了什麼。你可以選擇否認現實、自我安慰，也可以選擇推倒這個虛浮易碎的結構，重新拾回自己真實的力量。

每個人都會對生命困頓和迷惘，那是正常的，是生命的一部分。被謊言包裝的世界裡，或許有你不願、或是你認為自己無能為力解決的困境。然而如同前一章所述，期望外在的名人或權威人士為生命帶來救贖，無疑就是將自己生命的自主權拱手讓人。**那是生命中最重要的東西，請牢牢握住她。**

＊　＊　＊

在和李政「鬥智」的過程中，我發現大多數的旁人其實無法理解我的處境。即便是同為心理或教育背景的同仁，也不見得了解情緒操縱這種迂迴的手法，更不用說要瞭解研究或臨床上案例甚少的病態人格了。在「不被理解」的情境環伺下，我一方面只能繼續向內探索，一方面利用我的研究專長尋找世上可能的解答。知識成了當時撐起我生命狀態的浮木，讓我混亂的心靈和意識在由知識建構而成的避風港中得以暫歇。

或許一般人難以感同身受，但作為研究者的我，在此刻所能感受到知識的威力，比以往的任何時刻都更加強烈。一旦能夠將所有撲朔迷離的行為命名為「病態人格」，我就擁有了繼續前進探索的力量。知識成為了我可以改變自己命運的力量，如果可以，我希望少女和她母親也能擁有這樣的力量（但當時的我並未向她們提及病態人格一詞，因為那聽起來實在是太嚇人了）。知識在任何情況下都是對你有利的，不僅提供了答案，也賦予了你選擇。親近知識、讓知識成為盟友，能從中獲得力量並保障自己的權益，莫讓知識成為掌權者拿來愚弄人的工具。從風險管理的角度來看，亦切勿存在著「這種事情不會發生在我身上」的樂觀偏見。

德國哲學家尼采曾經說過：「那些對抗惡魔的人，要小心自己不要在過程中變成了另一個惡魔。」我也曾擔心自己過分執著以致瘋魔，但作為研究者，我更想挖掘病態人格的核心究竟是什麼？這是我能夠發揮自己的專業為社會帶來回饋的地方。而我知道自己從那黑暗的深淵裡帶回了寶藏：更完整的自我。

＊　＊　＊

真實的世界並非紙上談兵。在這個故事裡，青少年、繼親家庭、第三者、病態人格，樣樣都不是容易的主題，也加劇了整個事件的難。面對故事中的每一個角色，我盡可能嘗試理解，但依舊無法完全客觀。我想理解少女，想理解她的困境和盲點，想理解該怎麼做才能讓她明白我所看見的事。儘管我不認同少女的種種行為，但光是理解，就能夠大幅削弱那個被製造的對立。理解她的家庭自然也是其中的一環，我花了時間理解她的繼母、傾聽她生命中的困境。在理解她們的過程，我也用同樣的方式在理解自己和母親，也因此發現我們在家庭結構上的相似性。我漸漸地瞭解到：「或許我們沒那麼不同。」這樣的看見也讓我逐漸能夠對這樣的情節釋懷：我們都只是在相似的結構下重複相同的故事，而這樣的情節未來也會繼續上演——如果我們的社會結構、如果我們教育女性的方式不改變的話。

＊　＊　＊

我很喜歡《神力女超人 1984》這部電影裡的一句話：

「Truth is powerful. Truth is beautiful.」

真相是有力量的。真相是美麗的。

真相或許在一開始看起來令人難以忍受，但最終它會解放我們；真相會給予我們力量，讓我們從執著中解脫。

與病態人格者交往的真相是：你值得更好的。

4. 療癒書寫

如果說最深沉的療癒必照見最黑暗的自我，那麼我的療癒書寫筆記裡，記載著我當時在這段關係裡最多的難堪和心碎。我以為早已遺忘的；但當過去的自己再次透過文字真實地浮現在眼前，我仍然會為她心碎流淚。然而這是療癒的必經之路：直視自己內在最深層的恐懼。這才是療癒之路最真實的情況。只要當你能全然擁抱並接納你內在所有的真實，外在的幻象就不再是能擊垮你的對手。

＊＊＊

我在這段關係裡有許多矛盾的自我。我以為自己是善良、可愛的，然而書寫的過程照見了我的憤怒、忌妒與匱乏。理性上知道這段關係不可留，情感上卻無法割捨，也曾留下了希望他回到我身邊的文字；理性上知道不是女孩的錯，內心卻無法遏止想攻擊的慾望，文字上也留下了對她的輕視。書寫筆記裡一字一句的記錄當時最毫不掩飾的我——很長一段時間我在各種並存的矛盾裡掙扎，在「好的我」與「壞的我」之間游移。然而書寫的好處是，在這裡我可以完全不必再討好也無須遮掩；我不用再背負著他人的期待或眼光，不必再強求自己盡善盡美，不必在現實的世界裡顧全大局。在書寫的過程裡，我的文字激烈地咆嘯著自己的不甘心，也讓我意識到在這段關係裡，我失去了多少珍貴的自己。

＊　＊　＊

書寫在我的療癒之路上扮演著重要的角色。在我因自我傷害被監禁，暫時失去語言能力又缺乏與外界溝通的動機之時，正是我寫下的這些文字陪伴我度過當時許多舉步維艱的歲月。如果不是文字承擔了我身上的負能量，現在的我說不定早已產生許多器官上的病變。翻閱過去的書寫筆記，我發現自己曾經在自我修復的後期寫過一封「致悲傷的信」，內容大概如下：

嗨悲傷，

我不知道從什麼時候開始，但你似乎已經跟著我很長一段時間。你的根基在我的心上紮得很穩，像一根又粗又大的鐵釘釘在我的心上，那麼深那麼堅固。

我並不喜歡你在我身上，想到你我就一陣暈眩。但我似乎也沒有別的辦法，只能這樣靜靜看著你。希望有一天你會突然間輕輕倒下，然後離開我。

悲傷，你就像一個揮之不去的陰影。忠實地跟隨我，陪伴在我左右。我覺得憤怒，想對你咆嘯，要你別再纏著我，卻發現那樣的能量，同時吞噬、攻擊並擊潰了自己。我該擁抱你嗎？我該用所謂的愛去同理那一身汙穢的你嗎？我不知道該怎麼做，但此刻的我心生了一絲抗拒與憤怒。

你只是面無表情地看著我。

悲傷說不出話，無從開口與說明。你也失去了嘴巴，否則就不會只是一團灰色的霧。

我該拿你如何是好？你總像幽魂般跟著我。我是不是該坐下來和你一起待著。你究竟想告訴我什麼。

「人生的低潮是被允許的。每個人都有灰頭土臉的時候。下次看到別人身旁跟著你時，對他要多一點同情、包容和支持。」

你好像淺淺地笑了。我還是沒有把你趕走。或許有一天我會突然發現，咦你怎麼不在了？

希望那時候的我們，都過得更好。而我不再背負著你，你也能嶄露一點點笑顏。

這是一個我在書寫裡覺察情緒，將之擬人化，試著聆聽並和解的例子。從一開始的不知道該拿自己的悲傷怎麼辦，中間覺察了想要擁抱卻產生抗拒、憤怒的反應，到最後在聆聽和感知後覺察到「悲傷」的無法開口而產生了同理。在那裡，悲傷像和我並肩而坐的朋友；我們是平等的；我拍了拍他的肩。我藉由同理說不出口的悲傷，也同理了自己在這段關係裡說不出口的限制。他笑了，而我祝福。改變的可能就在這裡誕生；我以為悲傷是一根討人厭的刺，卻在照見之後鬆開了彼此的綑綁；我們終將漸行漸遠。我在同理自己的悲傷裡，療癒並祝福了自己。

書寫產生的療癒在於他們安放了情緒。隨著一筆一劃，所經歷的情緒困擾將隨著流出的墨漬，一點一滴地轉移到紙張上。文字會安靜的保守所有的不堪，不帶任何批評、指教地，全然接受你所給的一切。紙筆能夠無條件地包容你，你的悲傷、焦慮，以及想吼出最難聽、最傷人的字眼，都將在此獲得釋放。那些不為人知的祕密；想遺忘的、不想遺忘的，該忘記的、不該忘記的，統統可以讓文字恰如其分地為你承擔，也無須擔心情緒釋放可能對他人造成的負面影響。

＊　＊　＊

書寫是我非常推薦的自我療癒方式。比起心理諮商所需的費用，書寫僅需要一支筆、一本筆記本，在任何地方都可以進行。在翻開筆記本、落筆的瞬間，你就回到「此時此刻」（here and now），那個心理學強調的威力之點：當下，就是你改變自己的起點。

我喜歡用紙筆書寫的儀式感，那讓我可以在和工作需要大量打字的情境裡有明確的區別。如果你不知道怎麼開始，可以參考娜妲莉・高柏的《心靈寫作》，那是促使我轉變，開始採取書寫行動的啟蒙。療癒書寫是我練習與自己獨處的開端；既然我已決定不再將改變的期望投射他人，我得透過與自己的獨處讓自己長出力量。直到現在，書寫仍是我的生活中重要的神聖時刻，那是我在繁忙的工作節奏裡為自己預留的珍貴時間。每個女孩子都值得為自己精心預留這樣的獨處片刻。

剛開始時，寫了什麼、寫得如何都無所謂。書寫的重點並不在於事件本身的「客觀條件」（如李政劈腿或是少女說謊），而是你對於那些事件的「主觀感受、想法」（我覺得很受傷、滿口謊言的行為牴觸了我對親密關係的基礎條件、我真的能接受嗎？或是我值得更好的對待……）。重要的是「我」如何詮釋經驗。

只要安靜下來書寫，人的思緒就會開始慢慢變得清晰。書寫也能讓混亂、攪成一團的情緒變得有跡可循。有時寫著寫著，一些生命主題也可能慢慢浮現；有些你未曾留意過的，或是隱藏在潛意識裡的想法或情緒，或許會在腦中一閃而過，提醒你某個內在重要也渴望被看見的東西。循著那個靈感繼續探索吧；不要忘記，你的內在有你不願面對的黑暗，然而在你不願面對的黑暗裡，可能也有寶藏。

最後，書寫讓我清楚地看見自己生命的變化。透過文字紀錄，我憶起了當年的自己；那時候在無意識的情境下傷害自己時的身體感受，以及不知道這個世界上還有什麼可以相信的困惑。而如今那些人事物都已遠離，我依舊憑藉著書寫，朝我的夢想前進。回過頭看當時的情境，我突然意會到當時的書寫，其實是一種自己「渴望改變」的行動力的展現，在我的雙腳和身體還沒有長出足夠的力量離開之前。書寫看似安靜，實則蘊含行動力。即使知道自己必須離開這段關係，我的書寫裡透露了自己在盼望長出離開的力氣和奢望抓住破碎的關係間游移。然而也正是在這些書寫的時間裡，我一次又一次地釐清自己的思緒，並將混亂的自我價值一點一點地聚焦，最後才能亦步亦趨地轉化成離開這段病態關係的決心和動力。我發現自己是在書寫反覆擺盪的過程裡慢慢攢足了離開的勇氣。

為了不忘記自己，我一直小心翼翼地收藏著這些過去。即使充滿傷與痛，那裡面有我最珍貴的一部分。如果我不接納自己的過去，又有誰會願意敞開心胸擁抱她們？我感謝過去的自己曾經做了這個勇敢的決定；感謝她選擇紀錄並決心走上這條療癒之路，所以我們今天才能來到這裡。感謝那些曾經陪伴過我的情緒，而當是時候放手，我祝福她們遠行。

然後我們起身離開這裡，帶自己前往更好的地方。

5. 正念冥想、感恩練習

我原本就有靜坐的基礎，參與精舍的禪修課多年，對脈輪也有一定程度的瞭解。儘管我深切瞭解正念在科學實證上對人體的益處，但在遭受親密關係的巨創後，有一段時間我完全拋下了多年靜坐的習慣，終日攤軟在床上，任由反覆冒出的念頭吞噬自己。

「為什麼他要這麼做」、「為什麼我們無法回到從前最開始親密的時候」、「我真的、真的好需要……」我任由那些強烈且絕望的恐慌，還有喋喋不休的自我批判將我拋向空中又重摔在地。直到有一天，在我恍惚的意識裡，我意識到我再也無法攀附著那些令人心碎的事物而生；他們都已遠離，而我必須自救。

我想要重拾我內在的平靜。我想要忘卻這些痛苦的煩惱。更深層來說，我需要看清、並穿越這一切的智慧。

我想要知道「真相」。如果說人人本具清淨佛性以及了悟一切的內在智慧，我希望我能夠在我之內遇見它，用清明的覺察了悟這段感情的真相，究竟是什麼？

即使依舊背負著強烈的情緒傷痛，我試著拎起自己、盤起腿、閉上眼睛，回到熟悉的姿勢，默許自己的眼淚。在這個荒唐的劇本裡，我找不到任何外在的邏輯可以合理解釋這一切。按照身心靈法則，如果一切的答案都在我之內，那麼我必須向自己的內在找答案；為這段病態的關係找到答案。

在自我療癒的道路上，一切都與「我」有關。

＊　＊　＊

初初要回到清明的狀態當然是沒那麼容易；畢竟我已有相當長一段時間終日妄想紛飛，被負面情緒反芻。即使知道並不容易，但在這個絕望之境，任何方法我都得努力試試看。

正念（mindfulness）是指「活在當下；對當下的每一個想法覺察，不加以批評，僅僅只是覺察並接納。」

再次閉上眼的世界如此安靜，讓我不得不直面我內在奔騰的痛苦。然而我需要做的是「覺察」，不是隨之起舞。我學習像個「旁觀者」看著她起、看著她落；聽著自己震耳欲聾的尖叫，看著自己在地上打滾。然而我是我；我將自己從千變萬化的痛苦中抽離，靜靜地允許這一切在我之內發生。

我漸漸地意識到：「我」並非我的情緒或想法本身；情緒很糟，不代表我也很糟；想法很糟，也不代表我很糟。當我與「遭受了背叛的憤恨」和「妳不值得被愛」拉開了距離，我發現自己依然能夠感受到自己的美好，即使她微小如星光。我在「我」和「我的情緒」、「我的想法」間找到了空間，試著全然接納，並靜靜地陪伴。不知道過了多久，他們終於緩和、停歇下來。

我明白從痛苦的情緒中逃離並不會讓痛苦消失。我希望在長遠的未來裡不再受到這個事件以及它所牽動的情緒侵擾。往後的日子裡，每當我內在的痛苦升起，我就再次透過正念冥想、靜坐練習與之共處。很痛苦，我知道。我也花了好久的時間才走到這裡。但我渴望長久的平靜，也為了不讓我所受過的傷消磨了下一段幸福的可能。我想要幸福；那意味著我得擁有穩定的情緒，並為自己的情緒負責。

* * *

身體是自我療癒路上最誠實的領航員，而我也想要再進一步與更深層的自己對話。離開這段關係後，我仍然時不時能夠感受到令人難以忽視的心臟劇痛。我想知道這個痛，究竟想說些什麼？如果我的內在確實了知一切的真相，那麼這個心痛，想傳達給我的究竟是什麼？我再次閉上眼，在幾個深呼吸後向我的內在問到：「妳想要什麼呢？」

這是一個我完全無法預知結果的練習。我帶著好奇和不安，靜待著我內在的聲音想告訴我的一切。然而出乎意料的是，我感受到的是她的一陣錯愕，因為從來沒有人那樣問過她、從來沒有人關注過她的需求。她怯生生地開口，告訴我：「其實……我只是想要有人看看我。」我倏地睜開雙眼，震驚於這一刻；多麼微小、真實卻是長久以來的渴望。原來我的痛苦並不是我以為的，那個張牙舞爪、足以吞噬我的巨大怪獸，而是一個穿著破舊衣裳、抱著玩偶，帶著不安、焦慮卻渴望被愛的小女孩。我不禁心疼起那樣的自己，在慌亂之中手足無措地亟欲給她一個擁抱，眼角迸出了淚珠。

與內在的痛苦對話並不容易；大多數的時候人們只想逃離，然而真實的結果卻超乎想像。當我試著轉身直視恐懼、痛苦的內在核心，才發現是我的想像餵養了它的形狀和力量，而真實的她其實是我長久以來所忽略的內在陰影。透過更深一層的自我對話練習我明白兩件事，一是你以為的痛苦或恐懼，有可能不是真的；二是當你勇敢直視它與它對話，結果往往出乎意料。

經歷過親密創傷，你可能難以相信自己能夠再次感受到生命的美好。然而在創傷之後我確實曾感受到正念帶來的美妙：那是睜開眼睛的那一刻所感受到自在的清明；那些曾經燒在心上的灼烈都已經不在了；即便它在，也不再感受到痛了。那種無聲勝有聲的狀態令我感到滿足；此刻我明白只要我的內在喜悅且平靜，真正的幸福快樂就掌握在我之內。我不再需要外求，不再需要一個男人滿足我內在的匱乏，亦不再仰望一個男人為我帶來幸福。

關鍵在我的心；我以自己穩定的內在力量為依歸，我擁有讓自己感到踏實且幸福的能力。

動。

＊＊＊

如果覺得靜坐練習很困難，不妨從赫赫有名的「感恩練習」開始吧。關鍵在付諸行

有人問，在經歷這一切之後，妳怎麼能做到感恩？難道是要感謝他們曾經傷害過妳嗎？如此令人憤憤不平的經歷還要感恩，是不是太虛偽又太過勉強自己了？

我也曾經有過強烈的負面情緒，憤怒到想要摧毀那些傷害我的人。但我意識到這樣的情緒對自己無益，反而可能因長期沉浸其中而助長它們，最終導致無意識的自我傷害或傷人行為。對這個階段的我來說，沒有什麼比重拾內在平靜更重要。所以，你當然可以不必感恩，也無須原諒。一切都以你可以接受的狀態為主，最重要的是在這個階段穩住自己，不再無意識地回到熟悉的過去。

感恩練習可視為一種認知再評估（cognitive reappraisal）的策略，對情緒調節有著顯著的作用。練習感恩有助於增加正向情緒、幸福感、減少憂鬱情緒，並提升生活滿意度。通常我會在每晚睡前躺在床上，回想今天三件值得感恩的事。人的認知資源是有限的；當你越將注意力投注在令人充滿感激的事物上，投注在負向情緒或事件的視野自然就會縮小了。感恩讓我從受害者的心態轉變為發覺自己的擁有；當認知到自己是富足而非匱乏的，日子也會越發豐盛順遂。在艱難的時刻裡，感恩自己多麼不容易卻還是撐過

來了、感恩自己在遇到困難時仍然勇敢地開口向他人求助了。適時感謝自己協助我在緊繃的生活裡放鬆，也變得更有自信。

＊　＊　＊

在這個競速的時代，要讓大腦「安靜」，讓腦中的想法「停下來」，是一件困難的事！然而親密創傷需要長時間修復，急著投入下一段戀情並不是明智的做法。向內看，陪自己療傷，進一步觀察是什麼樣的內在信念招致病態關係的圍繞；學習感恩，將匱乏的心態轉變為富足。閉上眼，我們需要留白的時間與自己獨處，細緻地詢問自己：「你想要什麼？」然後在睜開眼時，以一種全新的視野和輕盈的步伐邁向你渴望的下一刻。

＊　＊　＊

我希望你有這樣的日子：你的咖啡嘗起來像魔法，你的播放清單讓你跳舞，陌生人讓你微笑，夜空觸動你的靈魂。我希望你有這樣的日子，讓你愛上活著的感覺。

——布魯克・漢普頓（Brooke Hampton），美國作家

6. 運動治百病，擁抱大自然

從《當下的力量》這本書，我學到最重要的莫過於「當下即是威力之點」，再者即為「身體永遠會給你最忠實的反映。」

心理受的傷，身體會記得。除了在正念冥想中覺察負面情緒並與之對話外，運動也是一個很好釋放身心負能量的方式。我知道逃避、壓抑、忽視，都無法讓痛苦消失。唯有找到正確的方法將它們轉化，才能一勞永逸地清除身體裡累積的負能量。我必須得在下一段關係到來之前徹底清理自己。

在再次揭穿李政和少女的謊言之際，我在短短幾週內暴瘦十公斤，我知道自己病了，身體正與心靈一同承受著劇烈的折磨，我親眼見證了親密創傷如何形塑我的身體。因此，在自我修復的道路上，也得照看身體，重新建立和身體的關係。

＊　＊　＊

然而這對我來說並非易事。我從小就是一個對體能活動興趣缺缺的人，也因為缺乏鍛鍊、技不如人引發自卑感，讓我對體能活動心生抗拒。儘管知道自己在體能上從小就差強人意，我精於算計的頭腦說服自己：體育活動是「耗時且收益低」的事情。心理師給我的建議我通常照單全收，但唯獨運動這件事情我告訴她：「哩麥擱共啊（你不要再講了）！」

因此當我的人生陷入蠻荒的絕境時，運動成為當時的我自救的最後一個手段。如果我百廢待舉的身體還能有一些動能，那麼我的人生，或許也還能有一些希望。我需要我的身體有力氣動起來，帶我離開人生的低潮。儘管不符合自己生命的常態，我站起身換上輕裝和運動鞋，朝附近的公園緩慢前行。

我漫無目的地走著，用最慢的速度，一步步慢慢地，無念無想地走著。我可能看起來很像一具行屍走肉；事實上我也不記得自己如何度過。我和自己的身體流逝在這樣的歲月裡，直到有一天走在回家路上時，我突然感受到了風吹過臉頰的溫度。我感受到了我的身體，微微的肌肉張力讓我意識到它的存在。我的力氣默默長出來了。我告訴自己：「**沒關係，在這樣的時刻裡，慢慢來就已經在前進。**」

覺察到自己的身體與我同在，讓我感到欣慰。我發現自己出了一點汗，那很好。流汗很好，排毒很好！此刻我需要的，就是將體內累積的情緒毒素排出。那是一個契機；我不記得自己斷斷續續地、這樣無念無想地持續了多久走路的習慣，但那支撐著我走回我的工作崗位，然後我又淡忘了對身體的知覺。當時的我並不知道，除了我的心靈有轉化的潛能外，身體也藏有巨大的改變潛能。

＊＊＊

我和身體的關係在二〇二一年迎來了巨大的轉變。促成改變的理由其實簡單又粗暴，就是我曖昧一陣子的對象突然跟別人交往了（這又是另一個故事了）！親密關係又再一次帶給我巨大的挫折。

他的大頭貼放上了和女友的合照。照片中的女孩又白又瘦又漂亮，再次引發了我對自己外貌上的沒自信，也勾出了我深埋在無意識裡的恐懼：「只有漂亮的女生才值得美好的愛情，不是妳。」在和李政的關係裡，我同樣妒忌少女的年輕美貌，也因為他對青少女體的迷戀而對自己缺乏自信。

當時的我剛取得博士學位，體重也在長期坐姿下來到了人生巔峰。我覺得自己胖得可恥，卻也沒能來得及阻止潛在的新對象跟著漂亮女孩走了。他的不告而別對我的自尊甩了一巴掌；我的善良和美好在愛情裡毫無用處，美貌和身材才是收穫愛情的基本標配。

但我受夠了那樣的自己；我受夠了自己老是因為外表上的劣勢而被愛情拒在門外。我不願再次讓外貌成為自己被拒絕的理由。

於是我下定決心開始減肥。我從一六八斷食法開始，在沒有搭配運動的情況下，頭三個月就瘦了五公斤！我感到興奮不已！更重要的是，我發現我的身體原來也有改變的潛能。嚐到甜頭後，我想知道自己的身體究竟有多少可塑性。如果連減肥這麼困難的事情都做到了，那我的人生還有什麼不可能改變？包括改善自己「吸渣」的體質。

然而到了第四個月，我的身體開始進入停滯期。體重不再規律下降讓我感到焦慮。我聽從營養師友人的建議，打破一六八的規律數日後再重新進入斷食的節奏，並心想或許是時候加入一些運動加強對身體的訓練。我從事大腦相關研究，知道大腦具有一定的可塑性。然而我也想知道，我那總是賴著不動、已使用超過三十年又缺乏鍛練的身體，會不會仍具有可塑性？我既已走過死亡，又有什麼不可能？

我在接下來的三個月又瘦了三公斤，同時我也感覺到自己的身體一天一天在變化。我的身體逐漸變得緊實、體態也獲得改善；不再那麼容易感到喘、腿部也變得有力量了。我終於可以不用在出門前斤斤計較哪件衣服比較顯瘦。我為自己的改變感到驕傲，慶幸自己堅持了下來。這是我第一次發現自己身體的規律，也證實了我的身體確實仍具有可塑性；身體多麼神奇。我更加留心於身體的需求，對容易造成身體負擔或讓頭腦昏沉的食物說不。透過斷食和運動，我培養了和自己的身體獨一無二的親密關係。我相信：唯有和自己親密，才能和伴侶真正親密。

最終在二〇二一的年末，我整整瘦下了十公斤！那是一個我從沒想過的數字。儘管開啟減重的理由相當膚淺，但那確實給了我十足的動力。以「想變漂亮」為信念，我迎來了一個更有力量也更自信的自己！我將那些不再適合自己的衣物一鼓作氣地扔了！我用改變自己的行動力，證明自己想扔掉那些不再適合的關係的決心。我要用這雙強而有力的雙腳帶自己走向真正的親密。

＊　＊　＊

在體能上獲得全新的自己後，我開始做起大膽的夢：我想知道自己的身體極限在哪裡。我開始嘗試登山，從司馬庫斯、鎮西堡到山毛櫸，我讓自己待在山林裡超過五個小時，在行走之間自我挑戰。這些都是過去那個體能赤貧的我沒有做過的夢：有一天我和我的身體一起挑戰，一起穿越我們以為的不可能。改變的契機就在當下，只要我願意，凡事皆有可能。

新生的身體將我的自我療癒帶到了全新的境界；因為有了力氣，我開始能夠遠離都市，擁抱大自然。大自然能夠為身體和心靈帶來的療癒也是無法取代的；我在合法的情況下擁抱樹木，感恩它慷慨承擔我未能言說的痛，或是觸摸河邊的巨石感受它亙古恆久的存在。對比於千年樹木或巨石的生命長河，我曾經的痛苦就像是投入時間洪流中的一顆碎石，咚地一聲銷聲匿跡。

是的，這些痛苦都會過去的。

＊　＊　＊

當能夠清楚地聽見身體傳達的訊息，就代表已經掌握了療癒的核心：尊重自己的內在指引。如果感到疼痛不適，那是身體想告訴我們需要停下來休息了。現在的我仍然在學習和我的身體和平共處；當身體告訴我不對勁，我就停下來檢視生活哪裡失了衡。身體不說謊，身體最誠實。如果一段關係經常讓你感到身體／情緒不適，那就說明這段關係帶給你許多隱形的負擔。

身體是探索自我的重要媒介，也是在實踐夢想道路上的最佳盟友。你可能還是會很在意自己（的體態）完不完美，但愛你的人其實不在意那些！透過身體力行，我顯化我想要的——不光是體態而已，還有我想要的日子、我想要的伴侶，甚至是我從未想過的全新生活模式、我從未做過的夢。

祝福你也能用強而有力的雙腳，邁向真正的親密關係。

註：一六八斷食法有些族群並不適用。相關減重與身體調理方法，請洽詢醫療、營養或健體專業！

7. 就只是單純地去做些讓你覺得快樂的事吧！

有一次我的心理師問我：「妳還記得，上一次感受到純粹的快樂，是什麼時候嗎？」

我啞口無言，因為我的腦子裡勾不出任何回憶，關於純粹的喜悅。

＊　＊　＊

在生活逐漸恢復到以往的結構後，我迫不及待地想找回從前的自己。我迫切地想要證明自己，沒有被擊倒。

幸運的是，我依然運作良好。我的大腦發揮著他一如既往的高效運作，組織並進行著我的博士論文。只是我總覺得少了點什麼。

我似乎感受不到喜悅，也缺乏對生命的動力。我對周遭的事物失去熱情，也沒有情感上的共鳴。我所認識的自己和世界，似乎也都隨著那段關係的消逝一併離我遠去。我感受不到自己。我是真的嗎？我是人嗎？

「我還能怎麼做，能讓自己覺得好一點呢？」我問我的心理師。

「什麼會讓妳感到快樂，就去做吧！」

「蛤？」這是另一個令我意想不到的建議。

「以前妳會做些什麼來讓自己覺得放鬆呢？」她問。

「嗯……大概是喝珍珠奶茶或養樂多吧。」說實話，在我確實能夠回答出些什麼之前，我腦中還閃過了另一個問題：什、什麼是放鬆？

這個問題讓我驚覺在過去的三十年裡，我可能從未放過自己。提到放鬆時，我的腦筋一片空白。我不禁思考我是否長久以來背負著這個世界的價值觀，無情地鞭策著自己必須不斷向前？如果我失去了「被利用」的價值，我是不是就只有等著被拋棄的份？光是想到這裡，放鬆就誘發了我心裡的罪惡。

只是，如果我總是暴力地壓榨自己、不允許喘息，我是否也會在無意間用同樣的方式對待我的伴侶？如果我總是事事求完美、不能出一丁點差錯，我的伴侶在我身邊是否能夠喘息？親密關係，要在彼此都是放鬆的情況下才能長久吧？

無論是生活或感情，我能不能放過自己？也放過別人？

* * *

心理師溫和地說：「就去試試看吧。妳內在有個五歲的小女孩，正等著你照顧她呢。」

我困惑地走出諮商室。我已經三十歲了，我打從心底不相信那些飲料會有怎樣神奇的功效。

幾天後我帶著疑問的心情，到便利商店買了一罐已經漲價到十二塊的藍色鋁箔蓋牛奶多多。發了一陣呆後我撕開鋁箔，咕嚕咕嚕地暢飲起來；我喜歡不換氣地一飲而下，直到必須換氣時再發出「嘩～」的一聲那樣暢快。牛奶多多冰冰涼涼地流過我的喉嚨；很意外地，我心中升起了一股喜悅，像是開了一朵小花，感覺很好。我的臉不自覺地露出了微笑；我的心理師總是能夠切中要害！

那那個五歲的小女孩呢？她感覺怎麼樣？我閉上眼往自己的內在感覺，發現那個五歲的小女孩很開心還露出了笑容；她同樣被這牛奶味的多多安撫了。多麼樸實無華的快樂！無論對三十歲的我，或是五歲的我，一樣有效！

然而珍奶的效果就沒這麼好了。我記得在我小小的年紀第一次喝到珍珠奶茶時的那種驚奇和興奮，覺得這是世界上最棒的飲料！但或許是因為辦公室同仁經常一起訂飲料的關係，珍奶對我似乎失去了儀式感的作用。但我突然有個新的想法：「妳怎麼能期待抓著一個永遠不變的習慣，渴望它為你帶來永恆的快樂？」同理可證，你不可能永遠都做著你不想要的選擇，卻期待你想要的結果會到來。同樣的，我不可能帶著相同的自己，卻期待不會再遇到下一個病態人格的親密伴侶。再一次下定決心改變的動力就在這一刻單純的嘗試下變得更加堅定，純粹卻威力十足。

是啊，人是會變的。光是發現自己已走在改變的道路上，就已不容易、值得慶賀。

* * *

前幾年我開始想要嘗試「不帶任何目的」去學習一樣新事物。我想知道：純粹為了「快樂」的學習，會是什麼樣子？於是我開啟了我此生從未想過的法文課，第一次嚐到了法國人每逢新年必吃的國王派；我學習作畫，畫布上的極光提醒著我尚未實現的夢想；我做空中瑜珈，下課後手抖到連珍奶都拿不起來；我到美術館看藝術展，或參與沉浸式戲劇。我並未獲得什麼具體、可觀的成果，但這些純粹的體驗帶給我純粹的享樂。我讓自己像孩子般對這個世界抱持好奇的眼光，允許自己擁有純粹玩樂的時間，不帶目的地去體會、去呼應我內在最單純且直接的聲音。在走過死亡之後，我想要看見更多關於生命不同的可能性，我想那五歲的小女孩也會很滿意！

* * *

在置之死地而後生的幾年，我向我習以為常的生活告假了。博士學位已到手，而我需要停下來重新思索人生的樣貌。像是嬰兒試著站穩他的第一步，我需要一點時間撐起自己重新來過的生命，用尚未站穩的雙腿試著重新建構我對這個世界的理解。這一路走來多麼不易，我自己最清楚。

我離開了熟悉的工作崗位，離開了待了七年的舒適圈。我允許自己完全地停下來，開放所有對生活的可能性，並將時間投注在那些單純美好的小事。我為自己做飯，即使稱不上美味；當寫作時必須重新經歷過往的場景，我允許自己哭泣；我覺得運動過後稍微緊繃的肌肉和黏在衣服上的汗也不賴；我喜愛植物帶給我的療癒，在透過雙手整理陽台大大小小的盆栽之後，感覺自己的生活也被梳理了。我告訴自己：「與其期待開花結果的感情，不如先讓自己開成一朵花吧。」

但正是在這些小事中，我為自己的生活找到了前所未有的踏實。那是在終日惶惶不安的病態親密關係裡沒有的東西。我決心在往後的日子裡踏實且用心地照顧自己，用愛心和耐心澆灌自己成為一朵盛開的花，無論是否有情人。同時我也明白，過去忙碌的生活節奏扼殺了我的心靈。

＊　＊　＊

我曾經以為我再也感受不到生命的喜悅，再也不會有人愛我。但我錯了。生命有著不可思議的韌性；在歷經親密關係重創的多年後，我依然完好地體驗生命每一刻帶來的美好。我仍在呼吸，並且感覺自己更像個完整的人。我找到了和自己相處的餘裕，同時也明白為自己和伴侶保持放鬆、保留犯錯空間的重要性。

當你按下機器的暫停鍵，機器會停止運作。當你按下人的暫停鍵，人卻會開始啟動。你開始反思，開始重新審視自己對萬物的假設，開始重新想像什麼是有可能的；最重要的是，你開始與自己心底最深處的信仰重新建立連結。一旦完成了這些，你就能開始重新勾勒出一條更好的道路。

——佛里曼（Thomas L. Friedman），美國《紐約時報》專欄作家，三座普立茲獎得主，五間美國大學榮譽博士

8. 重拾自我，練習一個人

什麼是自我？

心理學上對自我的定義有很多，最廣為人知的是奧地利心理學家佛洛伊德將自我分成本我（id）、自我（ego）以及超我（superego）的三個概念。美國心理學家蘇利文（Harry Stack Sullivan）則認為自我是個體在人際關係與社會互動中，發展出關於自己和他人的社會知覺。依照後者的定義，自我概念的形成受到人際關係和社會情境潛移默化的影響，並且是一個相對於「他者」的概念。如果自我界限明確，我們就有了保護自己的空間，能夠避免他人的不當侵犯，也可以拒絕他人的要求而不至於感到內疚；反之若自我界限薄弱或不清，則容易受到他人的操縱，屈服於他人的需求而忽視自己的聲音。這是為什麼以集體主義為文化根基的華人，對於自我的追求和概念發展相較於西方較為弱勢的關係。華人文化下的自我，經常是與家庭、家族鑲嵌在一起、榮辱與共的。

* * *

在和李政的關係裡，我為何愛到失去自己，以至於險些喪命？

煤氣燈效應（詳附錄）讓我漸漸地看不清楚自己。如果我擁有明確的自我界線，或許可以及時停損；保留一些尊嚴，自我懷疑的程度也可以少一些。然而在這段關係裡，我的自我界線卻相當模糊，一如我在原生家庭中一樣。為了能在家庭動力裡裝載得下所有人的願望，我最好沒有自己的聲音。我早已學會壓縮自己；我沒有自我，我的自我裡裝的都是別人，所以我能夠委屈自己在關係裡節節退讓而不自知。

而他真的那麼令人著迷又難以割捨嗎？難道他真的有什麼致命吸引力？與其弄懂充滿謊言的李政是怎麼回事，我更想知道的是：「我到底怎麼了？」我為什麼這麼「誇張」？那段感情誘發出了一個我不認識的自己——脆弱、無助，毫無尊嚴可言。

李政在初期的呵護和寵愛餵養了我最原始的情感需求，以至於當他作勢抽離時即引發了我最原始的生存焦慮。在我痛不欲生卻無法放手的背後，其實是那個脆弱、渺小又無力的自己近似滅頂的求救。真正糾纏住的，是我內心那個恐懼地呼喊著需要受到保護的小女孩；以為沒有他，我就會死。但那是真的嗎？我不是已經長成大人了嗎？我在搞什麼？

成人親密關係投射的美夢破碎之後，一個驚恐的小女孩赤裸裸的呈現在我的眼前；她說她希望有人能看看她。我這才發現：我從未關照過自己內在的小女孩、我從未仔細傾聽過自己內在的聲音。

這到底是怎麼回事？這麼多年來，她一直都在哪裡？我到底，在幹嘛呢？

＊　＊　＊

三十歲的我背負著家族、社會與眾人的聲音長大了。我戴著完好的人格面具，看起來好像很厲害，其實缺乏自信、總是懷疑自己的價值。我無法用別人看待我的眼光看自己，「優秀、獨立、知道自己要什麼」，是朋友經常給我的評價，然而我卻總感到困惑。雖然總是能夠按照制定的計畫前進，我其實從未問過自己喜不喜歡，只是盡可能地按照社會的潮流達成別人希望我成為的樣子。我的自我破碎成一塊一塊，由眾人的願望和需求組成。和李政的親密關係創傷再次重擊了我脆弱的自我核心，那個五歲的內在我因親密即將被剝離而恐懼地尖叫著，而三十歲的我正因自我價值結構崩壞而逐漸瓦解。五歲的我失去了她所有的保護，在我之內四處逃竄。我看著這樣一分為二的我，很是混亂。

＊　＊　＊

《自尊與依戀的愛情心理學》指出：「戀愛無法開花結果的人，就是無法接受『真實自己』的人。」

只是，真實的我，到底是什麼呢？

我需要停下來、思考這一切。

我需要內在的整合，連同我那破碎的自尊一起。

我需要明確地設下界線，確保我的每一個選擇都出於我的自由意志而非他人潛移默化的遊說。

我需要完整的長出自我照顧的能力，不再輕易被他人剝奪或否認了我的生存價值。

我需要堅定且強大的自我意識，讓三十歲的我牽著五歲的我一同前行。

＊　＊　＊

為了屏除外界所有的雜音，我開始了一個人的練習。我想知道：**我一個人，是不是也可以幸福？如果我一個人也能品嘗幸福，那我就更不需要仰賴外在的、別人給的幸福。讓自己成為幸福的源頭，似乎是一個最聰明的辦法**。於是我開始將所有的力氣全神貫注在自己，修復我與自己的親密關係。我發現過去的我總是將情感的重心聚焦在對方，並且期待對方能夠滿足我的情感需求。那樣的期待似乎容易讓對方產生壓力，而我也容易在當中感到沮喪或焦慮，因「不可得」而失落。我必須戒掉這種對情感索求的依賴；我需要成為自己最親密的伴侶，為自己的幸福負上完全的責任。

所謂的自我療癒，很多時候就是得一個人走。我開始練習一個人吃飯，練習正念飲食；我一個人喝咖啡、寫作、思考；我一個人運動，用自己的速度不疾不徐地前進；我一個人去看電影，接納自己的評價只有「好看」或是「看不懂」；我一個人出國，提起警戒用心冒險。我發現，唯有「一個人」的時候，我才能完整地聆聽自己、並專注的回應自己的需求。我不再讓別人告訴我：妳該怎樣感受、怎樣思考。我把「學會獨處」當成一種待培養但必須的能力；從現在到老去，我想要這樣安適地與自己相處。母親始終無法理解，某些時刻我對單獨行動的堅持，但我卻在這份孤獨的寧靜中，感受到了完整的自由。我不再等待、或期待別人給我我想要的。我在聽見之後立刻起身滿足自己的需求。我承諾自己決不再因男人而讓自己的人生迷航，我要做自己最忠實且恆久的親密伴侶。親密關係說穿了，其實就是和自己的關係。

* * *

在和李政的關係裡，我曾經深深地懷疑自己，懷疑自己的美好究竟是真是假；那個在別人眼中溫柔體貼、聰明自信的我，為何在病態人格手中顯得一無是處？

在閱讀過許多素材後，我發現病態人格渣男理想的另一伴，正是那些擁有許多美好特質的「好女孩」。符合社會期待的「好女孩」通常善良體貼、富有同理心，樂於付出又懂得自我鞭策。她們會在關係裡調整自己，不會多加懷疑對方的動機。然而病態人格者會設計一個瘋狂的劇本，讓妳在渾然不覺的情況下進入，改變自己配合對方演出，還自詡為自我精進。他永遠都會提出更多不符道德邏輯的需求，讓妳懷疑自己且過度付出以致迷失自我。當妳不再符合他的理想（有可能是妳不再任他予取予求），也就是他要拋棄妳的時候了。和病態人格的關係就像越級打怪，女孩永遠不夠充分、永遠裝備不足，永遠需要不斷地自我進化，好應付他為妳的人生祭出的種種難題。妳永遠都不夠好；那裡沒有到得了的盡頭，病態人格就是企圖在當中愉快、有系統地摧毀妳。那裡只有妳必然的自我耗竭。

另一個我認為病態人格者需要一個美好女孩的原因，正是因為他們的自我中心一片空白。無論是透過鏡像模仿，或是「吞食」女孩的美好，病態人格者必須這麼做才能一撇那本不存在於他們身上的愛、同理和情感。病態人格者就像變色龍；一旦抽離掉他眼前可模仿的對象，他所剩下的或許就只有空虛的自己。可能也正是因為這樣，他們身邊需要多重的對象存在；否則一但陷入無聊，他就得被迫面對空蕩蕩得令人發慌的內在。然而你要對自己的美好有信心，更堅定地相信自己的價值。避免再次重蹈覆轍、淪為餵養病態情人的最佳解，就是擁有強大的自我意識：愛完整的自己，讓自己成為幸福的源頭；劃下清楚的自我界線，向不對等的關係說不。

真正的愛並不會以吸食你的血肉為樂；吸血鬼才會這樣！

9. 培養友誼圈圈聯盟

年輕的時候我並不了解友誼的重要性。由於長期處在競爭激烈的環境裡，求學階段的同儕之於我都是潛在的競爭對象。然而經歷親密創傷後，我深刻地體會到來自家人、情人以外的支持性力量有多麼重要，更驚訝地發現那些願意在危急時刻伸出援手的人，往往是自己最意想不到的人。回想過去以功利眼光看待周遭他人，我感到深深的慚愧，並且決心修正自己對人與人關係上的錯誤觀念。或許也是因為一直以來缺乏與人真誠交流的經驗，我才更渴望從愛情裡獲得親密感。但現在的我明白：在愛情之外，真誠的友誼網絡讓我的身心靈都更加完整、富足且自由。無法在好友面前侃侃而談的關係，背後都有隱憂。

* * *

無論是愛情、友情，或親情，任何會剝奪實質或精神上自由的關係，都不是有益的關係。浪漫關係的開始當然充滿激情與甜蜜；我們無時無刻都想見到對方，或依偎在對方身邊。但若是發現自己與過去的好友們逐漸失聯，或是因為配合他的喜好而不再與過去友好的朋友們相聚，那就是個值得注意的警訊。此外，若不只一位親朋好友向妳提出對「他」的質疑、覺得他「怪怪的」，那八成也是真的；他們看見了當局者迷的妳看不見的東西。抑或是，和他交往是妳想掩蓋的祕密：妳對於將他介紹給自己的親密好友沒有信心。停止欺騙自己，那表示就連妳心底也深知：他不是值得信任的對象。

「社交孤立」是與病態人格渣男交往時必然發生的現象。只要佔有妳的時間，他就能更精確地掌握妳的生活、並進一步對妳進行精神操控。最好妳與這個世界斷了連結，那麼妳就更容易對他編造的說詞深信不疑，同時也更加深對他的依賴。然而直到妳感覺到自己即將被丟棄的那一刻（那也是必然會發生的結果），創傷羈絆（詳附錄）將使妳因恐懼而更想緊抓著他不放，同時厭惡著只能仰賴他的自己。早在關係初期，他就透著各式的吹捧將妳理想化，或是不著痕跡地變成妳最期待的樣子，讓妳以為自己遇到真命天子；妳怎麼還會需要其他人呢？然而放眼望去，有一天妳將發現自己身邊已經沒有其他人；而和病態人格交往的故事情節往往誇張又離奇，妳還能跟誰說？又有誰會信呢？

或許因為過去種種的原因，妳早已和人們變得疏離。然而當生活中僅剩下和親密伴侶的一線關係時，妳就身處危險了（尤其是病態情人）。那意味著他可以完全支配妳的生活、甚至控制妳的人生。妳失去了自己的自由，所有可用的資源也都繫在他身上。一旦兩人中間的那條線斷了，妳就只有失足跌落谷底的份。相形之下，病態人格者在妳墜入谷底的同時，卻依舊能夠完好地活著。因為他早就布好局了；他的線早已綁著妳所不知道的小三、小四、小五，或是其他人際網絡裡的曖昧對象。就像在和曉曉的關係裡，李政還有追求的我同學、我和乾妹。在和我的關係裡，李政還有曉曉、乾妹和少女。根據「病態人格診斷工具」（*PCL*），「性觀念開放」、「擁有數段婚姻關係」，也是病態人格的診斷準則之一。這樣的情人永遠無法給妳一段忠誠的關係；不用妄想試圖改變他，這是他改變不了的天性，妳最終只會剩下遍體鱗傷的自己。

＊＊＊

構成人身心健康的互動並不僅限於兩點一線的親密關係，擁有良好且多元的人際社交網絡能夠讓你的生活更健康、豐富。與親朋好友聚會是成年人的正常社交活動之一。妳無須為了與朋友相聚而感到羞愧，更無須因為他的情緒勒索而感到自責，責怪自己是否應花更多時間陪伴他。他只是會因為妳不在而陷入無聊罷了；病態人格者永遠都需要身邊的受害者讓他感覺到自己活著。如果妳與朋友的聚會正是為了逃避與他相處的不快與壓力，妳又何必繼續守著這段關係？

以前的我並不了解「幸福婚姻奠基在良好的友誼」（出自於美國華盛頓大學心理系榮譽教授，約翰．高曼所著《七個讓愛延續的方法》）是什麼意思；因為我的戀愛腦跟賀爾蒙總是在遇見對象時急著想要依附。情竇初開的男女或多或少都是如此。然而經歷過幾段感情，我重新定義了自己想要的親密關係：我想要一段能夠互相陪伴、支持、傾聽和理解的穩定關係。那種誇張的劇情，或是明明是伴侶卻像權力不對等的從屬關係，我學會向它揮手，堅決地說：不了吧！

＊　＊　＊

情緒操控並不限於伴侶間的親密關係。舉凡家人、朋友、同事、上司，均有可能是對你施以情緒操控的病態人格者。只是因為往往最親近的人讓你更難以覺察，或乾脆拒絕承認這個事實。然而拒絕承認事實就是袒護了對方，並允許他繼續傷害你。唯有接受現實，才有改變現狀的可能。仔細想想，有沒有哪些關係，是你在互動上老是覺得哪裡怪、卻又說不出口的？有沒有哪些互動，是你在交流的當下或結束後經常感到不舒服、不對勁或是異常疲勞的？有沒有哪些人，是在你面前和顏悅色、畢恭畢敬，私下卻到處散布你的謠言、試圖破壞你的形象（不要懷疑，那也八成都是真的），即使被發現了，他依舊能像沒事一樣在你面前說說笑笑、毫無畏懼，令你感到心生疑惑懷疑自己的？

向虛假的關係告別，遠離生活中的戲精，才有可能擁有真實的關係；愛情、友情亦同。能夠淵遠流長的關係，需要兩個坦承的人彼此擁抱。意思是你也得向虛假的自己告別，不再將自己裝成對方喜歡的樣子，而是能真實揭露自己的心聲。現代人的生活太忙碌了，且隨著年紀的上升，我更加體認到自己心力有限，必須將時間和心力留給真正值得的人，包括我自己！一旦將那些令人困擾的人際互動、不再有益於你的關係模式通通請出生命，真正適合你的、願意用心與你交流、能夠平等對待的關係才會到來，你也才有容納他們到來的空間。

英國牛津大學演化心理學家羅賓・鄧巴（Robin Dunbar）指出，人因大腦運作上的限制，致使所能夠掌握和處理的社交關係有限。平均而言，一個人所能擁有優質關係的人數大約是一百五十人；這其中的摯親好友（含親密伴侶）可能僅有一到兩人；能夠拋下手邊一切來到你身邊、提供他們的肩膀給你哭的親密好友大約有五人；能夠提供歡樂交心時光的好友大約是十五人，能夠一同共度週末、進行社交聚會的一般好友大約是五十人……。越是親近的關係，對生活品質越能發揮關鍵的作用。鄧巴博士指出，健全的社交網路能有效幫助身心健康；尤其一週兩次與女性閨蜜們聚會，能大幅增加對生活各方面的滿意度與幸福感。女孩們一起出門、做些簡單的活動，像是喝咖啡、聊八卦、一起運動、大笑、看電影，都能強化免疫系統，更快地從疾病中復原，性格上變得更加慷慨包容，同時也具有緩解焦慮的作用。相較於與男性的友誼，女性彼此間的友誼更注重在情感上的交流與表達。一旦成為朋友，她們也更願意去留意、瞭解對方的感受、情緒和想法。這種親密對女性來說更容易形成強大的心理支持（Riggio, 2014）。當然，也要學著辨識假面閨蜜！

＊＊＊

去年我有意識地刪除了臉書上不再具有實際連結的好友。原先還有些擔心這麼做是一種破壞而隱隱不安；但真的這麼做了以後，整個人感覺神清氣爽、煥然一新！因為我允諾自己讓真實成為我的依靠，自然對維持虛假的人際也沒了興趣。我將注意力更加放在那些我所珍惜的人事物上面。我定期與我的幾個女性閨蜜小團體們聚會，欣賞她們在各自不同的領域內認真生活，或是傾聽她們訴說各式各樣的狗屁倒灶。我們享受彼此互相陪伴，在大哭大笑裡滋養了生活所需要的養分，然後回到各自的生活中繼續面對各種驚喜與挑戰。當我有能力讓自己成為幸福的源頭，生活中又有這些千變萬化的女性帶我看見許許多多不同的世界，對於傳統認為與男性的結合才能完整女性人生的誇大或誤解，就漸漸淡化了許多。

如果妳還沒有固定聚會的姊妹淘小圈圈，從現在開始建立吧！對身體好！

10. 好女孩不應大聲說話？

最後，我想從社會的角度談談我們如何塑造，或定義「女性」。

＊　＊　＊

作為女人，應該細心體貼、善解人意。

作為女人，應該犧牲奉獻、無悔付出。

作為女人，應該……。

女性「應該」成為的樣子何其之多，彷彿整個社會都能教導妳「如何成為一名女性」。然而那些「應該」，多數都只是這個父權宰制的社會為了更加鞏固父權，而暗地裡希望塑造妳成為的模樣。我們「被教會」要順從、要體諒、要為大局著想，因此往往在關係中更容易退讓。對女性主體價值的剝削，尤其在親密關係、家庭和婚姻裡更加明顯。上一代的母親所需遵守的倫理規範、道德意識甚多，上至孝順公婆、伺候丈夫，下至「夫死從子」；層層分明的階級次第中，唯有女性，以及被母親認為是其生命共同體對象（通常是女兒）的意願不被「看見」，更遑論被列入考量的範圍。一旦妳擁有自己的主見，人們還會詫異於妳的聲音；若妳的聲音與某人或多數期望發展的走向或利益不符，就要當心成為眾矢之的。不僅是圍繞在身邊的男性，就連母親都可能會要求妳退讓、「懂事點」，甚至譴責妳的不配合，破壞了她日以繼夜、辛辛苦苦維持的家庭結構。「女性壓迫女性」的代表傳承在一代代的母女關係之中；母親要求女兒如她一般順從、無聲，不要打壞這個結構；因為她也是這麼做的。維繫家族的和諧是母親和女兒的共業，也是世世代代女性的共業。然而這卻讓現代的許多女兒困惑，在「追求自我」和作為「家族的女兒」中左右為難。

我可不可以不只是你們的女兒，也同時是我自己？

＊　＊　＊

「『沒有聲音的女人』，正是許多施虐男性夢想中的女孩。」

正如同李政曾經對我說，「妳的問題就在於妳不能忍受。」他試圖傳達的是：我們之間的問題並非他對我進行情緒虐待，而是我對這種情緒虐待「作出反應」；亦如他對少女所說：「妳能承受的只有這樣，也好。」在他的上帝視角裡，我們「不應該」反抗、只能聽從。但我不願像曉曉一樣默許他的行為，因此他將我們的感情無法維持歸咎於我的「不能容忍」；但到底我為何需要容忍？為何女性要在不對等的病態關係裡被要求「容忍」、漠視自己的心靈遭到虐待還被要求噤聲？因為這樣的情景在傳統家庭裡，比比皆是。

在欺騙和虐待過後，病態人格者希望他們的受害者要不是乖乖閉嘴，就是屈膝服從。當李政將情感的過錯歸咎於我的不能容忍時，我所感受到的，是他想要將我強押進一個暗無天日的箱子裡；箱子裡頭是一層又一層、不斷往下延伸的內箱，越往底部空間越狹窄。他想要將我置於箱子的最底層，只有他將箱子打開時才能見光。無論我怎麼在底部聲嘶力竭地吼叫，在箱口所能聽見的，都只有模糊不清、甚至無法辨別是否為人聲的回音。而將我消失之後，他就能佯裝成我的樣子；披上我的外貌，在世人面前繼續演出。就算有一天我的故事被聽見了，他也能想盡辦法扭曲我的形象，讓人誤以為我只是個瘋言瘋語的瘋子，而他才是關係裡的受害者。

＊　＊　＊

伸出妳的左手，握拳、然後伸出妳的食指，再輕輕地將食指放到唇上。

「噓！不要說話，不要出聲。」這就是這個社會縱容的暴力和壓迫，放在受害者身上的手指。

如果今天妳是少女的母親，是否會期望得到來自一個陌生女子的訊息，告知他們：有個危險的男人，正在網路上試圖誘拐他們的女兒，甚至邀約前往家中獨處？或是寧願不知情，等到事情的發展不得不走向法律或醫療的層級時再來處理？如果今天事情是發生在自己或是親友的未成年子女身上時，你是否會期望有人能夠前來善意提醒？說與不說，對我而言都充滿難題；說了，就要承擔失去關係的風險，以及承擔「抓耙子」的罵名；不說，卻對不起自己的良心。

「妳的問題就在於你太聰明了！非得把事情看得清清楚楚。」我的聰明在關係裡被男性譴責。

「妳嘴巴閉閉，天下太平。」這是我在那些少女頻繁更換動態的日子裡，感受最強烈的一句話。無法面對真相的人，或許更願意活在謊言建構的世界裡享受虛假的快樂。若戳破了她的夢，她可能還會因此對你憤怒咆哮，將破壞美夢的罪名強加於妳。

這個世界上，從來都不缺乏譴責受害者的聲音。而想讓妳閉嘴的，可能不只有男性。

＊　＊　＊

為什麼受害者往往都要等到多年以後，才能將事情說出口？

這個答案一樣簡單又粗暴，就是因為我覺得自己「很丟臉」。

任何的創傷經驗無疑都是痛又苦不堪言的，也往往成為壓在人心底最深層的祕密。受害者需要跨越自尊心的藩籬，跨越「覺得自己很丟臉」的障礙，明白說出口後可能遭遇的社會評價與聲浪，以及能夠承擔起這些風險和責任的勇氣，甚至可能還得承受，萬一沒有人相信妳所說的、被當權抹黑，以及可能遭到報復的人性和人身安全大考驗。而在重複述說創傷經驗的過程中，都可能會因再次身歷其境而形成對心靈的二次傷害。要能夠堅定地說出口，需要穿越的考驗很多、需要放下的也很多，並非人人都有足夠的資本將創傷經驗說出口。在經歷過重大的創傷致使心靈受損後，不是人人都能復原良好。人們幾乎不可能讓自己像是「毫髮無傷」地，回到經歷創傷前那般的眼光看待這個世界。有些傷是不會復原的；有些人可能一輩子都再也無法擁有健全的心智，有些人可能再也站不起來。而有些人，可能從此帶著那些說不出口的故事，靜靜地躺在地底。

在要能夠將自身的創傷經驗說出口之前，受害者必須經歷很長的自我修復的道路。必須得重新將自己攙扶起來，至少擁有能夠維持自己基本生活的心智功能，以及獲得身邊重要他人或是相關專業以及社會資源的支持，才有可能再將生命往前突破。這個歷程可能就得花上數年到數十年的時間，有些人則可能一輩子也沒機會。尤更甚者，萬一對方是經濟地位崇高、社會形象良好的男性呢？女性還得承擔自己說出的事實可能被扭曲為汙衊，因為她試圖推翻不容反抗的父權結構，冒犯了某些人的形象和權威。權力不對等、小蝦鬥大鯨魚的社會壓迫，往往又是女性創傷被延宕至多年後才被聽見的原因。這是為什麼受害者往往得在多年後才能將故事說出口的原因。近來許多社會的真實案例已被揭發：未成年被性騷擾、性侵的女孩，可能在成年後才有機緣選擇將自己過去的經驗曝光。試想這長達數十餘年的人生，她背負著多少沉重的祕密在活著！這是對女性身心健康完全不利的情況。

請不要自私地認為她臉上在笑，就表示她過得很好。請不要自私地認為她復原良好，有穩定的工作、家庭環境支持，她就「沒那麼痛」。請不要自私地認為她選擇將故事說出口是「小題大作」，必定「有所圖」。倖存者能夠再次擁有健全的人生，唯一的真實是她做了比別人更多的努力，才能讓原已破碎的心靈，有重新正常運作的一天。倖存者，要能夠繼續有勇氣活在這個世界上，每一天都不容易。

＊　＊　＊

非當事者不能明白的是，那個「丟臉」，足以造成一連串的骨牌效應，讓人想要銷聲匿跡。

女孩，一是在情感上被深信、深愛的另一半所傷，二是在自我上被所產生的自我懷疑與羞愧所傷，三是在家庭環境脈絡上，要被家人與社會數落「自找的、愚笨」所傷。女孩在內已遍體麟傷，在外又被對女性抱持歧視的眼光環伺；恰如社會期許一般，女性最終只能將親密關係創傷蜷縮在自己的女體內，讓身體與那被封閉的嘴守著這個禁錮又沉重的祕密。殘酷的是，對有些女孩而言，獨自啃食身上的傷所承受的痛苦，或許還比整個社會加諸在女孩身上的惡語來得輕鬆得多。

親愛的，那不是妳的錯。妳確實受傷了，而且傷得千瘡百孔、支離破碎。妳看不清楚這個世界的樣子，也認不得自己的樣貌，而這一切都只是因為一個男的，一桿子攪亂了妳所有的人生，讓原本平靜安逸的生活突然像在溺水中掙扎。妳呼吸著稀薄的空氣，隨時焦慮、恐懼著下一波突如其來、無法預警的侵襲可能就會讓妳滅頂。妳感覺不到身邊的人的關愛與呼喚。那些過去妳和親人、朋友們的情感連結一一斷裂，妳只能無力的隨著那根薄到不能再薄的棍子載浮載沉，同時不忘近乎哀求地渴望那個人能看妳一眼。那個毫不留情將妳擲入地獄的男人，那個讓妳陷入絕望深淵的男人，那個行為殘酷還自詡為神一般，至少施捨給妳一根浮木、藉此操弄妳僅存、希微的生命的男人。那是妳曾經深愛的、最溫柔的男人，如今卻是將妳拉進惡火中的惡魔。

＊　＊　＊

記得《房思琪的初戀樂園》裡提到的嗎？

「忍耐不是美德，把忍耐當成美德是這個偽善的世界維持它扭曲的秩序的方式，生氣才是美德。」

說出來吧。一旦發出聲響，強壓在妳身上的父權體制就有鬆動、瓦解的可能。除了男性以外，另一個需要突破的潛在對立結構是，那些攀附著父權而上的女性既得利益者、那些過去依靠男性生存的女人。因為在社會化的過程中，女性被賦予了「取悅他人」的任務，因此獲得男性的認可成為過去女性賦予自己價值的方法。另一方面，那些尚未覺察「男性才是背後最大利益者」的女性容易協助男性、反過來壓迫女性。她們藉由和男人是「一夥的」來提升自己的心理權力和社會地位，彷彿如此這般自己就能晉升到與男性同等的優越地位。同為女性卻壓迫彼此的生存，著實令人傷心。

這個社會的性別歧視是真實存在的。還記得二〇二〇總統大選時，部分資深男性政治人物用粗鄙的語言攻擊著女性候選人，說她是：「衰尾查某」、「肥滋滋的母豬」、「女人拉票可以拉到客廳房間」。父權的「賦權」猖狂又優越，能夠肆無忌憚地在公眾場合、透過媒體公然貶抑女性。我們究竟造就了什麼樣的環境給未來的女性？

我所經歷的教育沒有教會我珍視自己的價值，社會至今也沒有教會男孩學習尊重女孩。世新大學性別研究所教授陳宜倩指出，許多歧視言論體現了臺灣、乃至華人傳統社會中對男性和女性的期待，「男性是經濟提供者，而女性在才智、才能方面『不要』超過男性。女性在婚姻方面必須要結婚生子，在家照顧小孩。只要妳違反了任何一項，就可能被嚴格檢視。」換言之，女性在伴隨傑出成就的同時，還得兼顧不得威脅男性的自尊，然而社會卻從未對男性抱持著相同的期待。

＊　＊　＊

說不出的故事，最想被聽見。

在這樣的故事裡，或許多數人會選擇別過頭去不看、眼不見為淨，似乎看一眼，我就也得同樣承擔其中的責任。然而少女並不只是少女；她可能是每個家庭中父母所寶貝的女孩。一個女孩的權益如果睡著了，背後代表的可能是成千上萬個也同樣睡著的女性權益。所謂的和平，是讓某人的權益睡著換來的。那是我們渴望的未來嗎？

我喜歡說故事。心理學中後現代治療取向的敘事治療（narrative therapy），認為故事會影響實際生活，建構出我們的所看、所感和行動（教育部教育百科，二〇一四）。人們以為敘事只是說故事，是溫良恭儉讓的。但敘事其實可以是基進的；因為「說故事」本身就是行動；讓自己的聲音被聽見本身，就是行動。我期待更多女性能夠勇敢地說出自己的故事，在「被聽見」、「被看見」裡踏上屬於妳的療癒之路。

奧修說：「成熟就是接受做自己的責任，無論代價是什麼。冒著一切風險做自己，這就是所謂的成熟。」

套句《人選之人——造浪者》的話：我們不要算了。

第三部

致親愛的妳

致親愛的妳：

嘿，妳好嗎？我在這裡。這是我最後想寫給妳的一封信。

＊　＊　＊

妳從來沒有想過，時間能夠來到這一刻，對吧？

過去的種種心碎彷彿都不存在了。此刻的妳大口地呼吸著，安定地坐在一處，準備為所有的旅程作結。

＊　＊　＊

按照妳和自己的約定，妳重新回到了這裡。回到這個熟悉的地方，有妳熟悉的一切。

七星潭的美變得更可遇不可求。五月，春天，在早上九點以後，陽光已變得太過刺眼、炙熱，妳放棄了在潭邊冥想，待個兩小時，讓海水淨化妳的衝動。

不同於以往地，妳不再拾起那些晶瑩剔透、如鵝卵石般圓滑的白石頭，反而撿起了那些帶著綠色花紋的石頭。妳不知道自己為何會捨棄那些妳一直以來最喜愛的小白圓石，但此刻的妳覺得綠色的那些石頭，也很美。

這樣就好了，這樣也可以。這就是這個當下，妳覺得最好的了。

＊　＊　＊

妳決定再一次鼓起勇氣、回到過去，探詢在那些回憶裡，是否仍有未解的自己、是否仍有還需要清理的部分。

妳穿越過時間線，回到過去，快速地穿梭在所有回憶的場景裡，尋找著自己的身影。卻發現，妳早已不在那裡。

原來，我早已不在那裡了。

＊　＊　＊

妳放心地笑了，釋懷了，放鬆的嘴角下沉了，也差一點就哭了。哭的是妳以為自己還留在這裡，眷戀、流連、不肯離開。笑的是，原來妳早已不在這裡。

妳傻呼呼地以為自己必須來到這裡，才算有始有終，卻不知道原來自己早已啟程，前往他方。

＊　＊　＊

生命總是很奇妙對吧？妳以為妳無法遺忘的，卻早已在記憶裡沖淡了。

我回到了這裡，對過去卻再也不復記憶。彷彿那些根、那些恨，都已經消失了。奇妙的是，我並不感到悲傷，也未對那些因逝去而流出的空白感到慌張。我的胸膛，空白且完整。隨著心跳的震動，迫不及待再作畫。

＊　＊　＊

我確實不在那裡了嗎？

我以為，當明白自己脫離這一切的那一刻，我會感激涕零、如釋重負，喜極而泣或狂歡。然而此刻的我，有著的卻只有「存在的平靜」。就像是萬物靜默地存在於這個世界上。一花一世界，一草一木一粒沙。承受著風吹雨打、日月星辰，在時間更迭裡流逝生命。

＊　＊　＊

現在的我過得很好。曾經我以為自己被燙成一片焦土的心，再也無法長出新芽。但我錯了；生命在我身上長出了奇蹟。我從形同喪屍的自己，又重新長成有血有肉的人，會哭會笑。我對這一切，充滿了感激。

＊　＊　＊

我想對以為自己還留在這裡的妳說：

「嘿，時候到了。謝謝妳為我留在這裡。現在，我不再需要妳再為我留在這裡了。請去妳想去的地方吧！無論是哪裡，我都祝福妳。最好那裡有美麗的夕陽，能將海水染成一片金黃。妳手上的玩偶好可愛，也帶著她一起去好嗎？記得，要幸福啊！」

＊　＊　＊

我想起前陣子在臉書「國際特赦組織 台灣分會」專頁看到的文宣：「我永遠都不可能復原，我只希望在最後獲得正義。」

親愛的，在被傷害之後，我比任何人都希望妳能獲得正義。但如果這個世界無法給妳妳想要的正義，妳一定要學會再次好好、溫柔地善待自己。

＊　＊　＊

謝謝妳一直這麼勇敢，謝謝妳，一直都沒有放棄。

我愛妳。愛過去、現在，還有所有的妳。

— Love from ♥

後記

嘿，妳好嗎？感謝讀到這裡的妳。

＊　＊　＊

讓我們再重頭檢視一次這個故事，好嗎？

這其實可以是一個再平凡不過的故事；正宮、渣男、小三，不足為奇的情愛糾葛，日復一日的在世界上的各個角落上演。只不過剛好在這個故事裡，我是一個教育心理學博士，李政是領國家俸祿的軍官，而被捲進來的第三者，是個未成年少女。

＊　＊　＊

這個故事是否讓妳想起了誰？如果妳是故事裡的我，妳會怎麼做？如果妳是少女的父母，你會怎麼做？如果妳是少女，妳會怎麼做？如果今天故事是發生在你的女兒、姊妹、摯友，甚或是親友的孩子身上時，你會怎麼做？

這個故事好長。我沒有十足的把握說在這裡面，我所做的每一個決定都是對的。在這裡面，我可能也有做錯的地方。我承擔我應負的責任。我等待時間告訴我答案。

在我決定投入撰寫這本書時，我隨即停用了所有小帳。我決定讓所有故事停留在那一刻，不再看。我早已不知少女的去向；現在的她，應該已是社會新鮮人了。李政的臉書，在一篇公開的貼文中，自陳他接受了短暫的心理治療，知道自己過去犯下了許多錯，讓許多人受傷，同時也想念著曉曉。

所以，在多年前我心碎時的盼望，實現了嗎？如果是真的，那就太好了。

＊　＊　＊

在撰寫這本書的期間，我赫然發現在我身邊，同樣被謊言侵蝕、致使生活被徹底摧毀的女性不在少數。只是我們都對那些羞辱的過往難以啟齒。如果我沒有率先拋出我的故事，是不是就無法聽到更多的故事呢？如果這些文字能夠幫到任何一個妳，那我就算功德圓滿了。

＊　＊　＊

遺憾且真實的是：不管是病態人格或是渣男，都不會從這個世界上消失；親密關係暴力、情緒虐待也不會從地球上滅絕。我唯一盼望的，是希望能藉由這個故事，讓社會上的每一分子有更多的省思。我們該如何重新建構所需的教育，讓年輕世代的女孩在成長的過程中學會欣賞自己、建立自信，並且在數位轟炸的網路時代建立完善的防護機制，以保障未成年人的身心福祉。而逐漸邁向成年的我們，如何在親密關係中幸福？並且那份幸福中保有獨立、自由的意志，也保有應得的平等和尊重。

我們建構了怎樣的環境來培育下一代的女孩？如果我們這一代的環境仍不夠友善，我們可不可以做出些改變？

＊　＊　＊

漫長的日子過去了。我幾乎要不記得自己如何度過那些歲月，如何在那一片斷垣殘壁中撥雲見日，換來此刻手邊那杯拿鐵的溫暖，和陰雨天裡陪伴著我寫作的那盞微光。

我無法想像若自己未曾經歷這些，現在的我會是什麼樣子？如果我沒有徹底地療癒自己，是否我會對身旁的人懷著無以名狀的怨懟與不信任，讓那些潛藏的傷與痛在無意識的情況下掃射我身邊無辜且愛我的人們？或是我會因為無所覺察而再一次踏進病態的關係，以為再一次就能讓他重新愛上我，好證明自己值得？對照在事件中的自己，現在的我能夠感受生命中的平靜和喜悅，彷彿那些都是昨日死，而我已是一個全新的人。

時間來到這一刻，我不得不感謝他們。感謝他們的配合演出，讓我得以經歷毀滅後重生，重新拿回自己的力量以及生命主權，並期許在未來幫助更多的女孩，挖掘屬於她們自己的底蘊。

我在每個深思熟慮的決定背後反覆來回；在那樣震盪的過程裡學著更加貼近自己真實的情緒、感受與渴望。

那些狂躁、憤怒是真實的，而那些勇氣與抉擇，也是真實的。

＊　＊　＊

時間來到這一刻，我知道遇見他，我也有責任。即便過往無法從原生家庭中得到情感上的滿足不是五歲的我的錯，但當我長成了有能力的自己，帶領自己離開任何未能善待我的地方、或人事物，保護自己，就是三十四歲的我貨真價實的責任。

在寫作的過程中我發現，最困難的並不是寫作技巧本身，而是為了清楚交代脈絡與頭緒，我又重新帶著自己回到當年，重回事發現場，再經歷了好幾遍。那些年裡我所經驗的黑暗，被背叛的憤怒、因荒唐情節飽受的驚嚇、被詆毀的自尊、在憂鬱與狂躁間來回擺盪的情緒、想要求助都顯得微弱的嘶吼、將自己推向死亡的失序、對人性和世界認知的解構，我全部都重新反覆經驗了。那曾經被燙成一片焦土的五臟六腑迅速地浮現，像閃電一般在我的體內來回穿梭，轉瞬間就消逝了我的生命力。我以為自己已恢復大半，卻發現那些傷痛仍殘餘在我的體內。在寫作的期間，我經常因重回事發現場而感到作噁或癱瘓。在重新回到當下的時刻，我總是像歷劫歸來般喘著氣，需要長時間消化這劫後餘生，或者在必要時將自己從寫作中抽離。

我不知道當年的自己怎麼能承受得更多？

＊＊＊

有人曾問我，「如果重來一次，妳是否會做出不同的選擇？」但願曾經的我從未如此瘋狂，能夠聰明地適時轉身，也不至於差點賠上自己的命；然而現在的我明白，事情僅是如其所是的發生。我不後悔所經歷過的一切，正是這些經歷讓我找到足以穩定自我核心的內在力量；而且就算時光倒轉，我無可救藥的正義感以及想挖掘真相的決心仍然會帶領我走上同樣的道路。我無法改變過去所發生的任何事，我只願將我這一路嘔心瀝血的苟延殘喘，化作當代女性自我發展遍地開花的價值。我對這樣的可能性深信不疑。

＊＊＊

時間來到這一刻，我決定直面聳立在我眼前的未竟之事。李政、曉曉、少女，都已經離開了我的生命。無論是睜開或閉上眼，我都得面對剩下來的我自己，和我那千瘡百孔的內在。明白創傷後的療癒之路是我無法逃避的一切，但我已不再是當年的我。帶著所有後來經歷的、學習的、擁有的，我單槍匹馬的上陣了。我決定要將心裡那頭發著綠膿的創傷怪獸揪出來。任憑牠面露猙獰、張牙舞爪，此刻也就是拎在我手上，任憑處置的回憶而已。

該扔掉的，該處理的，就不要再留了。

＊　＊　＊

「妳看那兒風光明媚。」

不會有事的，不要緊的，就算牠離開了，我還是可以好好活下去的。

我還是可以擁有新的人生的。

＊　＊　＊

「為什麼我要遇到這些事呢？」在諮商的過程中，我曾經這樣問道。

「妳想想看，如果有一天妳要上場打仗；妳希望帶領妳作戰的將軍，是那個說得一口勝算但從沒上過場的？還是那個至少有上場打過一仗的？」我的心理師這麼說道。

「有一天當妳走完這個歷程，妳可以用自己的經驗去陪伴那些擁有相同經歷、正在受苦的靈魂。」

在寫作本書的時候我不時翻閱著這七年來我所寫下的筆記，赫然發現自己在二〇一六年曾如是寫下：

「妳所經歷的一切，都是為了讓妳在以後更能夠與人產生連結，更了解他們的生命經驗，更理解他們的語言和感受。」

原來答案早就在那兒了。我藉由這場「實境秀」考驗自己，考驗自己是否真的能夠如我所以為的那樣，在每一個歷經人性拉扯與情緒崩潰的黑暗時刻，堅定自己對愛的理解，同時實踐自己作為教育工作者的角色。我用這個劇碼證明自己不是說說而已，我最終能夠成為「我想成為的人」。

＊　＊　＊

「妳覺得一般人在遇到這樣的狀況，會怎麼做啊？」

「別人我不知道。但妳是妳。○○做○○○會做的決定。我們的人生到頭來，終究是為了要成為自己，而不是別人。」

如果我說，三十四歲的我想要改變這個世界，是不是太過天真了呢？

誠如我所景仰的美國已故最高法院大法官金斯柏格（Ruth Bader Ginsburg）說道，「一個竭盡全力去完成她能做到的所有事情的人，我想這樣被人們記得。」

＊　＊　＊

我的故事已結束。願她為妳帶來感動與淚，見證與黑暗共存的愛，並為妳帶來改變的契機。

不要忘了，黑暗中有妳真實的力量。我誠摯地邀請妳，踏上這一趟愛的旅程。
在此獻上我最誠摯的祝福。May the force be with you.

森女慈慈，二〇二三年於台北

致謝

感謝那些陪伴我經歷靈魂暗夜的人們。

正是因為你們所伸出的雙手織成了一張柔軟又堅韌的網，我才能在大家的牽引下從無邊地獄裡爬出來，重拾力量到達彼岸。

你們是真正偉大的靈魂。

謝謝你們的愛，讓我能夠重新站起來。

歷經死亡的背後，這是一份真正的生命禮物。

附錄

本書重要議題

本附錄針對本書的重要議題作了實用的知識探討，期能幫助讀者以知識為利器，自助助人。

1. 關於病態人格

病態人格和渣男的區別？

渣男，指的是在親密關係裡不忠，說謊、傷人且不負責任的男性。病態人格者與渣男有許多行為上的重疊，但渣男更偏向一個負向的社會評價，僅限於親密關係之中道德、倫理或責任的行為探討，通常不涉及精神疾病。然而病態人格有心理學上的深層涵義，指的是一種違常的人格，並且廣泛地影響到當事人的人際、情感、生活及反社會的多層次面向（詳細可參考表一）。簡言之，在戀愛情境裡，病態人格者通常都是渣男，但渣男不一定會像病態人格者那樣缺乏同理心、毫無罪惡感或出現反社會行為，但兩者在親密關係中都會出現道德和情感上的缺陷。

病態人格的主要特徵

病態人格是一種人格結構上的違常，目前並未列在精神醫學的診斷準則《精神疾病診斷與統計手冊》（*DSM-V*）中。也就是說，病態人格並非一種精神疾患。以現代神經科學的角度來看，病態人格可被視為一種大腦障礙；目前亦有研究支持病態人格的大腦在情感與認知功能處理上有缺陷（詳見稍後病態人格的成因、執行功能等段落）。

病態人格是「違反常規」、「缺乏良知」的人。從全球病態人格權威羅伯特・海爾博士所制定的《病態人格診斷表─修訂版》（Psychopathy Checklist- Revised, *PCL-R*）中，我們可以捕捉到病態人格的主要特徵（表一）。必須提醒的是，要使用 *PCL-R* 檢測一個人是否為病態人格，必須接受專業的訓練方具資格。故本處提供 *PCL-R* 僅係作為參考，讓讀者可大致了解病態人格測驗主要捕捉的四大面向：人際、情感、生活、反社會的行為特徵有哪些，並不代表任何人都可以據此診斷自己或某人為病態人格。但讀者可用以瞭解一個人是否有病態人格的可能性。

從 *PCL-R* 的診斷準則中我們可得知，病態人格的主要特徵包含情感淡漠（或做情感缺乏、缺乏情緒反應等）、缺乏同理心、罪惡感和愧疚感、不負責任及高衝動性。就親密關係的層次而言，病態人格能言善道、富有表面魅力且自戀，善於在與人初識時為自己打造迷人且幽默風趣的形象、讓人覺得有魅力，產生好感，但其寄生式的生活方式、病態說謊、追求刺激，以及毫無責任感等特徵，絕對不是親密伴侶的最佳首選（除非你追求的也同樣是充滿刺激的關係）。美國精神科醫生賀維・克勒利（Hervey Cleckley）曾指出，「對病態人格來說，美與醜（除了外表）、善、惡、愛、恐怖與幽

【表二】病態人格診斷表—修訂版（*PCL-R*）[1]

病態人格診斷表—修訂版（PCL-R）		
人際面向（interpersonal）	巧舌如簧、膚淺的魅力	Glibness/superficial charm
	浮誇的自我價值感	Grandiose sense of self worth
	病態說謊	Pathological lying
	狡猾、操弄他人	Conning/manipulative
情感面向（affective）	毫無悔意、無罪惡感	Lack of remorse or guilt
	情感淡薄或無情緒反應	Shallow affect
	冷酷無情、缺乏同理心	Callous/lack of empathy
	無法對自身行為負責	Failure to accept responsibility for own actions
生活面向（lifestyle）	追求刺激、容易感到無聊	Need for stimulation/proneness to boredom
	寄生蟲式的生活	Parasitic lifestyle
	缺乏實際、長期目標	Lack of realistic, long-term goals
	衝動性	Impulsivity
	無責任感	Irresponsibility

反社會面向（antisocial）	行為控制不佳、自制力差	Poor behavior controls
	青少年犯罪	Juvenile delinquency
	早期行為問題	Early behavioral problems
	假釋撤銷	Revocation of conditional release
	犯下各種罪行	Criminal versatility

默對他都沒有實質意義，也無法打動他們」（引自 Stout, 2005/2013）。換言之，在一般人交往的過程與原則中，最基本，也是那些良好的特質，像是信任、誠實和善良等有助於親密關係發展的美好特質，在病態人格身上是完全找不到的。

病態人格即罪犯？

對於病態人格者是否容易犯罪的問題，近期有越來越多研究或臨床工作者嘗試將病態人格的主要特徵和犯罪行為區分開來。因為按照 *PCL-R*，我們身邊有許多人都缺乏

1 早期的《病態人格診斷表》包含雜亂的性行為（Promiscuous sexual behavior）與數段短期婚姻關係（Many short-term marital relationships），在 *PCL-R* 中被移除。引自 “The Hare Psychopathy Checklist–Revised (*PCL–R*) manual (2nd eds.)”, by R. D. Hare, 2003, *Multi-Health Systems.* Copyright 2021 Multi-Health Systems.

道德與愧疚、衝動、病態說謊、善於操縱，充分反映了病態人格的主要特徵，但他們並不構成犯罪型的病態人格。總的來說，「犯罪行為」並非廣泛存在於病態人格者中，但那並不代表他們就不會為周遭他人帶來劇烈的影響。真實的情況是，病態人格者就在我們身邊。社區中的病態人格是亞臨床族群：即使特徵或症狀的強度、頻率未達臨床診斷門檻，卻足以對社會和周遭他人帶來危險。國內引進了加拿大哥倫比亞大學心理系教授戴洛伊・保羅斯（Delroy Paulhus）及其研究團隊發展的《簡式暗黑四特質量表》（*The Short Dark Tetrad, SD-4*，表二），可作為亞臨床情境中對病態人格特質的捕捉。本量表在中文化的過程中經過良好的心理計量考驗。有意願使用的研究者可去信研究團隊徵得研究使用同意。

成功的病態人格

有許多病態人格者終其一生不會犯罪，反而還極可能擁有成功的生活並居於職場高位。在英國心理學家達頓所著《非典型力量：暗黑人格的正向發揮，不受束縛的心理超人》一書中，病態人格常見的職業排名第一位即為CEO，其他則包含律師、外科醫師、宗教人士（神職人員）或人民公僕。因著他們不受情緒和恐懼影響的特質，病態人格者能夠在極具風險的情況下理智地做出符合最大利益的決策，或是利用權勢上的高位操弄他人，分配資源。但作為病態人格者的下屬、伴侶、親友，可就沒這麼幸

【表二】繁體中文版《簡式暗黑四特質量表》[2]

「馬基維利主義」分量表

1. 讓別人知道你的秘密是不明智的。……………
2. 無論如何，你必須讓重要人士站在你這邊。……………
3. 避免與他人直接衝突，因為他們可能在未來對你有幫助。……………
4. 如果想隨心所欲的話就得盡量保持低調。……………
5. 操縱情勢是需要事先計畫的。……………
6. 奉承他人是個讓別人站在你這邊的好方法。……………
7. 當一項詭計成功時我會很開心。……………

「自戀」分量表

8. 人們視我為天生的領導者。……………
9. 我具有說服他人的獨特天分。……………
10. 團體活動如果沒有我的話就會顯得無趣。……………

2 為更良好表達題意，本量表在後續針對十八題有進行修改。欲索取新的修改後題項測驗者，請與研究團隊聯繫。
資料來源：張益慈、詹雨臻、陳學志（2021）。繁體中文版《簡式暗黑四特質量表》之發展與信效度考驗。《測驗學刊》，68（4），287-316。（TSSCI）。

11. 我知道自己很特別，因為人們也是一直這樣告訴我的。……………

12. 我擁有一些出類拔萃的特質。……………

13. 我有可能是某個領域的明日之星。……………

14. 我喜歡時不時地炫耀。……………

「病態人格」分量表

15. 人們常說我不受控制。……………

16. 我傾向與權威人士以及他們制定的規範抗爭。……………

17. 和大多數與我同齡及同性別的人相比，我與他人有更多的紛爭。……………

*18. 我傾向先投入眼前的情況，晚一點再來問問題。……………

19. 我曾涉及與法律相關的麻煩事。……………

20. 我有時會將自己置身於危險的情況之中。……………

21. 惹毛我的人總是會後悔。……………

「虐待」分量表

22. 看別人打架會讓我感到興奮。……………

23. 我對涉及暴力內容的影片和電動遊戲樂在其中。……………

24. 看傻瓜跌得一敗塗地很有趣。……………

25. 我很享受觀看暴力運動。……………………………………

26. 有些人應該受苦。……………………………………

27. 我曾在社交媒體上說過惡毒的話只為了提高點閱率。……………

28. 我知道如何單憑文字就能傷人。……………………………

運了。在這些的關係中，病態人格可以是諸多犯罪行為的預測指標，如詐欺（Jones, 2014）、霸凌（Goodboy & Martin, 2015）、欺騙行為（Nathanson et al., 2006）、種族歧視（Jonason, 2015），以及紊亂的性關係、偏差性幻想、性喜好等等（deviant sexual fantasies/interests; Skovran et al., 2010; van Bommel et al., 2018; Visser et al., 2015）。有興趣深入了解病態人格名人者，可參考日本犯罪心理學權威原田隆之所著《病態人格心理學》，當中有對賈伯斯以及川普與病態人格關聯性的探討，或是《非典型力量》中對詹姆士・龐德、聖人保羅身上病態人格特徵的解析。

病態人格的成因

從神經生物因素來看，病態人格高度受到基因的影響，遺傳率甚至高達百分之七十（Tuvblad et al., 2014; Viding et al., 2005），足見「天生」對病態人格的輕重。然而亦有社會學家從真實案例的訪談中結論：「沒有任何一個病態人格來自健全、完整的家庭。」總而言之，病態人格是基因遺傳和外在環境交互作用生成的結果；固然遺傳基因延續了人們隱藏在血液中的瘋狂，但是否彰顯為危害社會的恐怖分子，環境的影響也必須考量其中。

從現代認知神經科學的角度來看，東京大學腦科學家中野信子（2016/2018）指出病態人格是大腦結構與神經傳導物質的問題，主要出現在前額葉皮質，包括眼眶額葉皮質（orbitofrontal cortex, OFC），與腹內側前額葉皮質（medial prefrontal cortex, mPFC）與杏仁核（amygdala）的功能異常或是連結較弱。

有趣的是，美國著名神經科學家詹姆斯．法隆（James Fallon）在其所著的《天生變態：一個擁有變態大腦的天才科學家》一書中自白，自己本身也與病態人格擁有相似的大腦結構，並在回溯自身家族史的過程中發現了祖先中變態、無情以及殺人犯等歷史。那麼，是什麼使法隆並未成為對社會造成危險的犯罪型病態人格者？結合自身故事與研究上的神經生理證據，法隆進一步提出三項可協助病態人格診斷的依據：1.OFC、PFC、杏仁核功能異常低落；2.有多項具高風險性的基因突變（如MAOA[3]活性較低）；3.幼年期曾遭受精神虐待、肉體虐待、性虐待。從法隆的例子來看，病態人格顯然不單單是來自基因的問題。

病態人格的執行功能

執行功能（Executive Function）是指大腦負責管理、調控和協調認知過程的一組高階認知能力，這些功能使我們能夠計劃、組織、記憶、專注、做出決策，並控制衝動和情緒。執行功能主要由大腦的前額葉皮質調控，目前也有許多研究支持病態人格在執行功能上的缺陷（Lantrip et al., 2016），包括缺乏計畫（Bagshaw et al., 2014）、更多的破壞規則行為（Bagshaw et al., 2014）、衝動式錯誤（Snowden et al., 2013）等。另一方面，病態人格被視為具有反應調控（response modulation）上的注意力缺失問題（Heritage & Benning, 2013; Newman & Lorenz, 2003; Newman et al., 1997; Tillem et al.,2019; Zeier et al., 2009），意指病態人格者容易在鎖定特定目標後過度聚焦；當負面或未預期的事件或刺激發生，病態人格者亦無法將注意力轉移到與主要目標無關的周遭訊息或線索上。病態人格者無法停下來評估、思考當前的策略是否有效，亦無法從矯正式的學習經驗中調整自己的行為。

從社會學脈絡來看，社會學家馬克・佛里史東（Mark Freestone）主張：「沒有任

3 單胺氧化酶A型，與調節血清素有關。負責製造MAOA，並且與攻擊性有關的基因為MAOA-L。帶有此基因型的孩子天生會有血清素過剩的問題，也是目前被發現與病態人格有關的基因類型。

何一個心理病態來自近乎完美的家庭背景」。佛里史東認為，即便基因確實存在影響力，病態人格最終顯化成對社會具危險性的肇因經常結合了情感、身體或經濟上匱乏的生長環境，如忽略孩子的父母、家庭中的施暴者等，讓孩子處於安全感不足或扭曲的情境下成長。這與法隆提出的病態人格診斷依據第三項相同。

雖然以童年創傷解釋病態人格的成因是再自然不過的推想，然而科學方法以實證支持了基因遺傳在這部分上舉足輕重的影響力，而成長的環境，則扮演了促進誘發或緩解抑制的關鍵角色。

治療的可能？

目前專家認為病態人格成功治療的機率極低，主要原因在於他們缺乏治療動機，也無法與專業人員建立治療性關係；上述兩項往往是心理治療是否能成功的關鍵因素。病態人格者自我感覺良好，並不認為自己有什麼問題，既不會感到痛苦也不服膺社會規範，自然沒有改變的動機。會走入治療者，往往是家人或是法律驅使。甚至有研究發現治療可能具有反效果，因為病態人格者可能從個人或團體療程中模仿學習專業人員，並使用專業術語，將自己偽裝成一個看似具備專業、能夠賣弄知識的心理學家，好讓別人上當；他們也可能假裝自己有同理心，以騙倒對方。簡言之，不適切的治療方案反而助長了病態人格者錯誤的學習並精進了他們說謊和操縱他人的能力，或是讓他們學會對自己的行為找到更多藉口（如：我小時候受到虐待）。精神分析、人本治療對病態人格都不管用，目前唯一證實有效的，只有認知行為治療。

與病態人格者的相處之道

病態人格的樣貌是多樣且複雜的，像變色龍一樣難以捉摸。即便專家也會被病態人格者欺騙，那麼，我們該如何自保，免於在生活或感情中受到病態人格的迫害？

首先，你必須學習病態人格的相關知識。那包含了下一個章節中會提到的情緒虐待、煤氣燈效應等技巧。盡可能掌握病態人格的特徵和行為模式，並了解自己在人際情感面向上的哪些弱點，可能會是被有心之人加以利用的破口。即使無法在第一時間辨認出病態人格，我們仍應學習相關知識來保護自己。

按照海爾博士的建議，最好的方式是一開始就避免和病態人格者打上交道。然而若情況已無可避免，而你已學習到病態人格的相關知識，並察覺到和對方的相處上有些不對勁，或對方可能是潛在的病態人格者，以下的方法可以讓你保護自己。

盡量保持距離，**設立界線**、**訂定規範**。病態人格者會厚顏無恥地對你提出不合理的要求，你需要和對方講清楚說明白，堅守自己的底線，避免讓對方循序漸進地對你予取予求。這在職場上尤其重要，你要適時且勇敢地練習說「不」！當他發現你「可控」的機率低或是需要付出較高的成本，他就會轉身尋找下一個比較容易被說服的對象，而你就能拿回自己人生的主控權。

慎防一開始就過度親密的關係。我們都渴望親密，對原生家庭依附不良的女性更是如此。然而亟欲攀附、抓住某人的心態正是可能被病態人格者捕捉利用的弱點。在尚未釐清對方是龍是虎之前，請不要透露自己的個人資訊，也盡可能不要談自己的私事。一切請等確立雙方的關係有安全保障後再來也不遲。如果有個人看起來美好得不真實，那就要格外小心。

避免單獨面談，留下證據最安全。病態人格者是情緒操縱的專家。為了避免他們對你提出無理的要求、批判或遊說，在第三方在場的情況下交談是最安全的。比起船過水無痕的語言，盡可能留下書面資料、通訊紀錄是更安全的做法。

客觀評斷對方的言詞，勿輕信。病態人格者是冷靜的造謊者，在未求證的情況下很容易被其說詞混騙過去，包括他們可能用學習到的知識和技巧將自己偽裝成專業人士。必要時請用客觀證據評斷對方的經歷，無須對方說什麼都照單全收；若仍有所懷疑，請向第三方求證，將他們混淆你的認知的機率降到最低。

錯不在你。病態人格者的自戀、謊言和操縱行為經常讓人落入自我反省的狀態，你可能因拒絕對方心生愧疚，或認為是自己不夠好、想太多。華人或階級地位較低的女性又常常被迫因階級落入自我譴責。病態人格者可能會用惡劣的語言攻擊你，不要相信！必須做的是盡可能和他保持距離。搞清楚誰才是受害者，不用將同情心花在他們身上。

無論是人際關係或同情心，對病態人格者來說都沒有價值。

徵詢專家意見。如果你透過病態人格的知識判斷了某人可能屬病態人格且此人正對你的生活造成威脅或影響，我建議你進一步尋求專業資源，徵詢如精神醫療或心理諮商的專家意見。病態人格者自我感覺良好，不認為自己需要改變，然而你所受到的傷害需要被看見、肯認，一蹋糊塗的生活也需要被重建。諮詢專家的重點不在於改變病態人格，而是積極地為你找回你的人生。

找到支持團體。病態人格可能造成你的認知失調、自我懷疑，外界的誤解和打壓可能也讓你對於分享自己的經驗感到恐懼而禁聲。然而事實是被病態人格者傷害的創傷經驗並不少；一旦找到有相同經驗的人，透過彼此分享，你就能在這個世界上獲得支持、理解並原諒自己。

走到這一步，你就會發現：重點不在病態人格者，而在於你自己。病態人格者和你不同；他們沒有改變的意願且天生傷人。你能做的是把時間和心力聚焦回自己，而非改變他們。無論你因為什麼原因和病態人格相遇繼而糾纏，重點都在於重拾你應有的人生，快樂且自信。

2. 關於親密關係暴力

本節羅列病態人格者的親密關係模式以及常見的虐待手法。事實上，這些手法也常見於權力不對等、充斥暴力的伴侶關係之中。

記住，不是肢體傷害才算虐待，情緒虐待也是。班克羅夫特在《他為什麼這麼做？》這本書就指出：**「那些反覆不尊重、控制、侮辱或貶抑伴侶的行為，對女人的人生造成嚴重的衝擊，令她們困惑、憂鬱、焦慮或害怕，就是虐待。」**

短期交往策略

情感不忠就是虐待。

目前已有研究證實病態人格者多數採短期交往策略（Jonason et al., 2009, 2011），意即病態人格傾向投入不帶承諾的短期關係；這可能與其操縱性、衝動性和對長期責任的逃避有關。研究發現病態人格與性侵害、親密關係暴力、對情感不忠及出軌具有正相關（Jonason et al., 2010），上述行為模式也與病態人格診斷表中「雜亂的性行為」、

「數段短期婚姻關係」的診斷準則相符。簡言之，病態人格者無法與人形成深厚的情感連結，也容易出現說謊、出軌等背叛親密關係之行為。病態人格者毫無忠誠可言，而你不可能要求他改變。

情緒虐待

情緒虐待是一種危害心理健康的行為，包含語言暴力、霸凌、侮辱、操縱、威脅、長期指責、冷漠或疏離等。情緒虐待不見得伴隨肢體暴力，但受影響程度並不亞於肢體暴力。受到情緒虐待的受害者可能會出現憂鬱、焦慮或創傷後症候群，感到恐懼、孤立和無價值感。

情緒虐待往往難以指認，因其本質包含了操縱與壓迫，致使受害者在認知混淆合併情感壓抑的狀況下，難以察覺自身處境。通常只有在症狀出現時才能回過頭來察覺自己所經歷的其實正是情緒虐待。受到情緒虐待的受害者，往往會認為自己不夠好、缺乏自信。由於施虐者長期處於掌握權力的狀態，受害者經常是在緊繃的身體和心理狀態下生活。情緒虐待是一種長期且系統性的行為，會摧毀受害者的自尊和心理健康。**情緒操縱是情緒虐待的一種。**

情緒操縱

情緒操縱指的是蓄意利用他人的信任和情感來達成自己的目的。操縱者會以巧妙、隱蔽的方法影響他人的情感或行為，通常是為了獲取個人利益或維持掌控權。情緒操縱往往難以察覺，因為它並非顯而易見的直接攻擊，而是透過精妙的算計間接影響和控制受害者。情緒操縱可能使受害者感到困惑、內疚或無助；長期的情緒操縱可能演變成情緒虐待。

煤氣燈效應

煤氣燈效應（gaslighting）是最常見的情緒操縱手法之一，指施虐者蓄意透過扭曲或否定受害者的現實感，使受害者懷疑自己的記憶、感知或理智，讓受害者感到困惑、無助，使受害者最終喪失對自身判斷、感覺、記憶的信心，達到施虐者能完全控制受虐者的目的。煤氣燈效應常見於親密關係或職場；在情感虐待和權力不對等的情境中，人們更可能遭受到煤氣燈效應的精神操縱。

煤氣燈效應一詞起源於一九三八年英國劇作家帕特里克．漢彌爾頓（Patrick Hamilton）創作的戲劇《煤氣燈》（*Gaslight*）以及隨後的電影改編作品。當時並未有專有名詞形容這種手法，故其後人們經常將煤氣燈效應作為情緒操縱的代名詞。

在劇中，貝拉的丈夫保羅試圖讓她相信自己在精神上出了問題。為了掩蓋自己過去的罪行，逐漸操縱貝拉的現實感。舉例來說，保羅會故意調暗家裡的煤氣燈；但當貝拉提到燈光變暗時，保羅卻否認這一現象，並暗示這只是她想像出來的或過度焦慮。保羅也會透過改變家中陳設、藏匿物品，進一步指責是貝拉把東西弄丟了，讓貝拉懷疑自己的記憶和認知能力。貝拉開始越來越懷疑自己的心理狀態，直到她幾乎完全依賴保羅的解釋，認為自己的感知是不可靠的，或是承襲了母親的精神疾病。這部劇揭示了從情緒操縱衍伸至精神操縱的可能和危險性。當施虐者是身邊越親近的人，你就越難察覺他們的意圖和看穿他們的虐待行為，也越難離開他們（後面會提到「創傷羈絆」）。

常見的操縱行為

美國心理學博士兼創傷治療師黛博拉・維納爾（Deborah Vinall）博士彙整常見的八大操縱行為如下：

- 撒謊、誇大或混淆事實；
- 經常拿你和他人比較、不斷貶低你；
- 缺乏同理心、傾向認為別人的遭遇是活該；
- 總是說你太情緒化、愛生氣、或大驚小怪；
- 恐嚇、威脅、動手，或其他讓你陷入恐懼、害怕的形式；

● 不負責任；
● 挑撥離間、拖人下水；
● 隨時掌握主權、要求別人使命必達。

認知失調

簡單來說是腦袋和感受不一樣。以上述貝拉的例子來看，當貝拉感受到家中的煤氣燈變暗，而保羅卻在貝拉的腦袋裡輸入了「那是妳自己想像出來的」指令；這樣現實和感受上的不匹配即造成了貝拉的認知失調。

認知失調會讓人感到焦慮、不安。為了解決內心的矛盾不安，受害者會改變自身行為與思想，好讓自己能夠消化互相衝突的現實。認知失調經常以恐懼感的形式出現；受害者可能使用欺騙自己的策略來消融或安撫自己心中的不安。

與病態人格的關係裡，認知失調是必經的歷程。

創傷羈絆

創傷羈絆指的是在虐待發生之後，受虐者在情感和心理上越發依賴加害者的現象。譬如研究就發現，比起不會施虐的父母，受虐兒童反而更加依賴其家長。

造成創傷羈絆的核心機制之一是**間歇性的強化**。首先，施虐者經常交替性地出現虐待和關愛行為，使受害者經常感到情感混亂，在感到困惑的同時對施虐者產生了情感依附，並期待施虐者的愛或認可。再者，施虐者可能會斷斷續續地出現溫柔、幽默、同情，換言之，施虐者的行為是不可預測的；偶然、隨機出現的正向回應（例如施虐者的關心或愛）會強化受害者的依附感，儘管大部分時間受害者承受的是痛苦。

在虐待的情況下，**拯救者和施虐者是同一個人**。間歇性的強化讓受害者更容易忽視持續的虐待，並對施虐者產生依賴。創傷羈絆讓女性處於一種悲慘的矛盾狀態，是一種不健康的依附關係。

愛戀轟炸、輕視和拋棄

此三者亦是病態人格者與施虐者經常使用的關係手段。從高度讚美到貶低，再到最終的遺棄，受害者會陷入情感混亂，逐漸失去自我和自尊。

愛戀轟炸：指在關係初期即透過過度的讚美、關愛和奉承來迅速贏得受害者的信任和愛情。這種策略通常讓受害者感到前所未有的高度重視和愛慕，使他們迅速與施虐者建立深厚的情感連結。此時期的特徵包括**短時間內快速且強烈的關愛和讚美**，如施虐者會以大量的愛意、讚美、禮物、浪漫行為和不斷的關注來吸引受害者，可能表現為短時間內的積極投入或快速承諾，如提議快速進展感情（如同居、訂婚等）。此時受害者會經歷**被創造出來的依賴感**，施虐者則透過讓受害者感覺被深愛和珍惜，創造出一種強烈的依賴感，使受害者離不開對方。愛戀轟炸讓受害者產生一種強烈的渴望，並逐漸失去自我界限，進一步受控於施虐者的需求和欲望。尤其在從未被真正愛護的女孩身上，愛戀轟炸能快速捕捉到女孩的情感空缺，讓女孩錯將愛戀轟炸當作真愛。

輕視：在受害者的情感依附（或施虐者的控制）漸趨穩定後，施虐者會開始出現貶低或輕視受害者的行為。施虐者不再如當初那樣讚賞受害者或對其投入愛意，反而表現出輕視、批評或貶低，讓受害者感到受傷與混亂，從而削弱了自己的自尊和情感穩定性。此時期的特徵為**持續的貶低**，對受害者的人格、行為或衣著進行批評，讓受害者覺得自己不夠好。此時期的另一特徵是**冷漠或忽視**，施虐者收回了最初的關注，開始變得情感疏離甚至冷淡忽視，使受害者感到困惑和不安。施虐者可能也會出現上述的八大操縱行為，或故意讓受害者感到內疚或羞愧、讓他們認為關係中的問題都是受害者自己的錯，達到進一步削弱受害者自我價值的目的。

在這個階段，受害者常常會努力討好施虐者，希望能重拾最初的愛情，從而深陷在不健康的情感依賴中，未能覺察和擺脫這種循環模式。不要忘記，在此期間間歇性的強化會加深受害者對這段感情的依賴。

拋棄：無論在前述的操縱或間歇性強化的循環裡多久，最終都會走向拋棄一途。當施虐者完全地對受害者失去了興趣，或是認為受害者已無法再作為滿足自身利益或自戀的工具時，他們會隨即無情地拋棄受害者。此時期的特徵包括**突然的冷漠**，如施虐者可能會毫無預警地結束這段關係，對曾經的親密情感或承諾不再有任何興趣或責任感；此時期也是**殘酷拋棄**的時刻，他們可能會徹底切斷聯繫，封鎖訊息或乾脆人間蒸發，或轉而迅速投入另一段關係，讓受害者感到自己就這樣被無情地拋棄了，從而感到憤怒、無價值感或是情感剝奪。

在被拋棄後，受害者往往會經歷極度的失落、孤立和痛苦。尤其與最初的愛戀轟炸形成強烈對比，這種落差會讓他們感到極度的挫敗、羞愧和自我懷疑，並且難以理解為何關係會在毫無徵兆的情況下突然結束。有時，拋棄也只是施虐者作為羞辱受害者的最後一個手段。

不要期待施加情緒虐待的加害者會改變。施虐者的根本問題是企圖絕對掌握的權力意識和自我優越。與施虐者的關係裡沒有所謂的平等；只有你必須敬重與聽從，然而同樣的權利卻不會發生在你身上。

3. 隱蔽的關係：第三者的社交隔離

為什麼有人會想當第三者？當我試著理解關係中的第三者，我發現現存的中文書目很少，但仍有一些可參考。一是婚姻治療師埃絲特·沛瑞爾所著《第三者的誕生：出軌行為的再思》，二為美國俄亥俄州立大學社會學系名譽教授蘿芮·理查森博士所著《夾縫中的女人》。兩者均幫助我瞭解關係中的第三者究竟從何誕生，為何緊密，以及包含哪些可能的結局。由於前者以婚姻和家庭作為切入觀點，後者主要以研究「第三者現象」為出發點的脈絡更貼近我的思考與心境，故此處的引用以《夾縫中的女人》為主，並著重在梳理與隱蔽的第三者關係密不可分的機制及可能潛在的後果。

隱蔽關係的好處

不可諱言的是，隱蔽的關係對某些女人具有好處。以社經地位弱勢的女性為例，第三者的身分有時是為了生存、經濟考量。處於人生變動期的女性也較有可能成為第三者；如正處於角色轉換期的職場新鮮人、處於生活依賴與獨立過渡期的青少年；或是正經歷個人生命過渡期如各年齡階段的自我探索、中年、失婚或建立事業等。

即便當今社會女性意識抬頭，對男人有利的關係模式依舊根深蒂固地影響著女性發展親密關係的決策。各種戲劇作品也大力散播這樣的女性印象：以爭取男性的親睞來建立女性的自我價值。未覺察背後動力的女性，容易無意識地服膺這種被賦予的女性角色，自動化地以「擊敗別的女人」為行動驅力並藉此建立自我價值。這是她們讓自己符合社會流動和價值的方式，但卻是錯誤的；這背後最大的得利者依舊是創造劇本的男性。

再者，禁忌般的關係充滿刺激與興奮。擁有一段「脫離常軌」的關係是女性跳脫性壓抑的一種方式。在華人社會裡，女性的性壓抑是普遍卻被忽略的現象。挑戰禁忌、脫離常軌的關係，某種程度上讓女性突破了自己以及部分社會施加在她身上的框架。女性可藉此體驗與性有關的部分的自我。這是傳統對女性帶有家庭和生育的照護形象期待裡所缺乏的元素。

密不可分的情感糾葛

「在我的生命中，向來沒有什麼人在意我。我一輩子都會記得，這個男人走進了我的生活，真的很關心我。我整個生命裡，從來沒有像他那麼在乎我。」

這項在《夾縫中的女人》裡的自白出處點出了密不可分的情感糾葛的關鍵，也呼應了我的故事中所述：「我深知讓他們分不開的並非他說的愛，而是她心裡的缺。」無論是東方或西方社會，女性的價值經常被打壓和無視；這是父權社會建立男性優越的一種方式。對於一個從未被關注、獲得重視的女性，男性在戀情早期投入的眼神、心力、時間和禮物，就足以讓女性淪陷於被愛的感受。儘管此時的男性可能仍處於評估妳「是否可以得到」的階段。

對於某些單身女性而言，男性「已婚」、「交往中」的身分反而成了助長彼此關係的催化劑。因為必須隱藏的關係塑造了緊密的「兩人世界」，讓情人間擁有這個獨立於世界之外的共享私密空間。藉由塑造「兩人一起對抗外面世界」的氛圍，戀情中的風險和阻礙反而強化了彼此為「一體」的親密感，產生「雖千萬人吾往矣」的浪漫。在這個獨立於世界的密閉空間裡，第三者和參與其中的男性都可以暫時摒棄不願面對的現實——可能是不盡如人意的生活、經濟與生活壓力，或仍有一段差距的理想我。情人的自曝，或願意自我揭露（尤其是男性展示脆弱的情感）特別容易引起女性認為「自己對他有深刻且親密意義」。然而事實是，她的戀情是建立在他不忠的基礎上；以祕密、欺騙和背叛為因應策略的行事作風，在不久的將來也有極高的可能體現在與第三者的關係上。但由於第三者是不被社會討論和承認的身分狀態，長久下來可能嚴重影響一個人對自我的存在價值感。

可能的潛在後果：不被尊重的身分

第三者終究是一個被汙名化的身分；不僅得不到社會支持，也得不到其他女性的友誼。無論是第三者本人或是她的情感，在激情過後最終可能都得不到來自男性最基本的尊重。社會名譽對男性有關鍵的影響力，即便是自己出軌，許多男性最終也會拒絕讓第三者汙名化的名聲沾上他的褲管。

失去控制的人生

與第三者的關係有時間限制、隱密性和祕密性。當一個人連自己的時間都無法掌握的時候，生活失去控制的感覺也逐漸形成，也容易漸漸地感受到失去了自己的價值。第三者以為她祕密的存在正悄悄地折磨著男人名義上的伴侶，殊不知自己的生活也正逐漸由男人取得主導地位。且無論如何，第三者都沒有「權利」要求支配男方的時間。

當一個人感受到自己的生活已失去掌控，她會越發依賴男方的情感與經濟，個人的無價值感也會越強烈，也越有可能陷入「認為自己無法改變自己生活」的盲點。此時男方便可以完全主宰她的生活，並進一步行使「拋棄」的權利。接下來便可能進入情緒虐待的循環，包含用讓第三者發現另一個女人的存在來作為虐待的手段。

結語

隱蔽的關係雖然在早期充滿誘惑與刺激，然而以長遠來看容易讓女性失去自我、正常交際以及發展其他戀情的機會。顯而易見的是，充滿祕密的關係催化了兩者間的親密，也大幅增加了女性對這段隱蔽關係中情人的依賴與投入。然而與情人的關係是建立在謊言、背叛之上的；獨活於由謊言構築的密閉空間容易造成嚴重的孤立感，終究會令人窒息。堅持獨守則容易陷入更大的孤立和痛苦迴圈。

如果妳正處於第三者的角色之中，請慎重思考這段關係的必要性，並仔細評估它為妳帶來的獲得與失去。以及如果妳認同女性間的情誼，並且想要捨棄與女性競爭、只為獲得對男性有利的價值觀與關係模式，建立完整、獨立的自我形象和自尊，請考量自己是否能繼續忍受自己給了男人力量，幫助他去傷害另一個女人。

如果妳是男人名義上的伴侶，請思考僅對第三者發出羞辱，或是要第三者「付出代價」的言行，是否再一次落入了以男人利益為主的關係陷阱。

4. 關於自殺

在我的故事中，曾提到企圖自殺的經歷，也因此我想談談這個主題，如果你或周遭人有可能陷入自殺的危機，希望能有些幫助。

接下來的內容可能會對有些人引起不適。請在確保自己安適的情況下進行，在任何時間點下暫停都可以。必要時請離開這裡轉換心情，或尋求專業協助。

自殺行為的本質

奧康納教授所著的《我不是想死，我是想結束痛苦》提到：導致自殺行為背後的根本原因是**「難以忍受的精神痛苦」**。誠如前面篇幅所述：快樂的人不會自殺，而痛苦是主觀的。對身上背負著壓垮式痛苦的人而言，自殺行動是一種「能夠一勞永逸地解決痛苦」的方法。亦如奧康納教授著作的書名：**自殺是為了「結束痛苦」，而不是想死**。

引發自殺意念的情緒或常見的語言表述方式有下列幾種：

- 瀕臨斷裂的生機（沒辦法繼續下去了、受夠了、我需要結束這一切）；

- 無法逃脫的受困感（如：我覺得被困住了、好想逃走、我覺得自己在深淵裡無法逃脫）；
- 別無選擇（如：沒有其他更好的方法了、不管我怎麼做都沒有人滿意）；
- 認為自己造成了他人的負擔（如：沒有我他會過得更好、我很抱歉）；
- 看不見盡頭、沒有可能改變的未來（如：事情只會越來越糟、痛苦沒有盡頭、我無法改變任何事物）。

你無論是哪一種表述方式，說話者表達的是一種深沉的「無望感」。必須矯正的觀念是，**自殺不是自私，也並非懦弱的行為**。事實上，許多選擇自殺的人將自殺視為「為所愛之人脫困」的方法；因為此時他們的隧道視野[4]認為自己正在為所愛之人帶來痛苦（O'Connor & Nock, 2014）。另一方面，自殺違反了個體最基本的生存和自我保護原則，不僅需抑制許多本能反應（如呼吸、求助），過程中身體也承受了極端的痛苦。因此，要親手結束自己的生命絕非易事。

最後，儘管有部分精神疾病（如憂鬱症、人格疾患）被視為自殺的預測因子，一篇彙整自五十年研究的後設分析結果顯示：**沒有任何單一風險因子可以解釋一個人的自殺行為**（Franklin et al., 2017）。科學實證的結果告訴我們：自殺的成因遠比我們能夠想像得還複雜許多。因此，在任何情況下，我們都不應過度自大，試圖簡化或過度推論身邊與新聞報導裡出現的自殺事件。

自殺行為的迷思

一個最常見的迷思是：詢問一個人有關自殺的事，就等於在他腦中「種下」自殺的想法。根據奧康納教授的著作，**沒有證據支持這樣的因果關係**。相反地，直接詢問一個人有關自殺的事可能具有「保護」作用，能夠協助當事人減少考慮自殺和改善心理健康（Dazzi et al., 2014）。但也並非能夠談論自殺的人，就沒有自殺風險[5]。

如何識別，以及如何和可能有自殺想法的人溝通

下面（引自《我不是想死》，頁二三六）列出一個人可能有自殺傾向的警訊：

- 他談到被困住的感覺、對別人造成負擔，以及對未來感到絕望；
- 他們經歷了失去，拒絕或其他壓力龐大的人生事件，並且苦於掙扎應付；
- 他們正在處理生活事務，例如贈送珍貴物品或整理遺囑；他／她可能正在考慮自殺；
- 他們的情緒改善了，原因卻無法解釋；這可能是因為他們已決定了自殺是解決問

---

4 隧道視野（Tunnel Vision）是指人在面對極端壓力、恐懼或焦慮時，視野變得狹窄、集中在某一點或某個問題上，而忽視周圍的其他情況或選擇。

5 在奧康納教授彙整的自殺迷思十四項中，第一項即為：會開口談論自殺的人沒有自殺風險。這是錯誤的觀念。

題的方法；

● 他們在睡眠、進食、喝酒、吸毒或其他冒險行為方面出現顯著改變；

● 他們有自傷的歷史或曾經嘗試自殺。

當有人向你透露自己的自殺傾向時，代表他們正在求助，同時這也應被視為一種勇敢的行為。**求助是勇敢的，求助並不丟臉**。若你很擔心周遭人給你的反應，害怕再次受到傷害，請考慮直接向受過專業訓練的精神或心理專業人員求助；他們都是可利用的醫療與社會資源。

＊　＊　＊

當有人向你透露自己的自殺傾向時，你可能會在第一時間感到驚慌或不知道該如何回應，這是正常的。適當的回應需要訓練和練習。但你可以把握以下原則：

● 傾聽與陪伴：讓對方知道當下你就在這裡傾聽與陪伴，並且對他的狀況表達真誠的關心。

● 同理、不批判：對方可能會有各種想法或情緒，不需要打斷、否定或評價他們此刻的表達（記住，想法跟感受都一樣，會時刻變化）。同理心支持的重點在於幫助對方建立情感上的連結，讓對方感受到你某種程度上正試圖理解並接納，讓他們感覺獲得情緒上的支持。

- 不要急著為對方找答案：解決當事人的問題並非你的責任。請避免給出「快速解決方案」、試圖淡化對方的痛苦，或自以為能立即解決對方的困境。自殺的想法通常來自複雜且深層的痛苦，不容易被簡單解決。
- 信任與合作：當一個人將自殺放進考慮的選項，就說明他們對生活已失去某種程度上的自主和控制權了。此時建立信任關係，透過合作模式為對方賦能，都能為他們找回生活中失去的自主權和自我效能感[6]。具體的表現可能為透過討論，讓對方決定他們需要什麼樣的幫助，或是在對話中讓對方保有掌控權，使其能夠在感到安全的情況下決定是否揭露更多內容。
- 持續關注：當知曉一個人的自殺傾向後，持續關注能夠讓對方感受到你一直在乎他們，使其感受到穩定的支持和關懷。具體的表現可能為定期的聯繫或關心他們的近況。但也須尊重對方的界限和自主權，避免過度干涉造成對方的壓力。
- 必要時聯繫專業資源：如果你不知道如何處理，可以陪伴當事人搜尋或聯繫適當的專業資源。當情況危急時（如對方提到具體的自殺計畫，包含時間、地點或方式等），應立即直接聯繫專業機構，或請對方尋求緊急幫助。可直接前往當地醫療單位或急診。保密原則須在涉及當事人對自己或他人構成危險時打破。

6 自我效能（self efficacy）：由美國著名心理學家班杜拉提出，意指一個人相信自己能夠完成某項任務的能力和信心。

再一次提醒，若你很擔心某個人、關心他的福祉，而他也出現了某些自殺警訊，請**直接詢問**對方是否考慮過自殺。

最後也最重要的是，無論你多麼關心對方，沒有人需要為另一個獨立個體的行為負責。請理解當面對有自殺傾向的個體時，這不是你能單獨解決的狀況。嘗試引導他們走向精神或心理專業資源的協助，才是最安全和有效的辦法。

如果你正飽受摯愛自殺而內疚的痛苦，也請求專業的精神健康或心理專業的協助。

* * *

國內衛生福利部與華人心理治療研究發展基金會合作引進澳洲「心理健康急救」（Mental Health First Aid, MHFA）方案，透過「傾、聽、給、鼓、勵」（ALGEE）五行動，為有心理危機的民眾，及時伸出援手。培訓人員不限於專業人員；一般大眾經過MHFA培訓也能增加心理健康識能，透過辨識早期心理危機、適當回應，及早幫助有心理困擾的人轉銜至適當的心理健康資源並獲得協助。

MHFA方案自二〇〇〇年於澳洲創立，由非營利組織「國際心理健康急救」（Mental Health First Aid International）倡議。MHFA是一套經科學實證基礎的專業課程。台灣於二〇二四年成為第三十個引進MHFA的國家。截至目前，全球有超過七百萬人接受過這項訓練。詳細培訓或最新消息，請參考華人心理治療基金會網頁（https://www.mohw.gov.tw/cp-16-80647-1.html）。

5. 知識不正義：創傷後的語言斷裂現象

在將這段經歷轉為文字的過程中，我發現自己經常無法完整地表述自己的情緒、想法或是在道德上的變化。因此我必須花大量的時間查閱相關的書籍，去找到一個能對應自己真正想表達的詞彙，或是閉上眼安靜下來聽浮現出心裡的聲音。即使想要好好表達故事和陳述自己，在腦海裡沒有相應、已儲存的語料庫下，幾乎難以做到（相信我，無論是病態人格或情緒虐待，都不是一般人會碰觸到的字彙）。因此，即使作品已完成，我仍無可避免地擔心自己的敘事是否足夠清晰讓讀者明白與病態人格共處的情境，以及感受到當中各種極端的情緒。這種語言斷裂的現象讓我惶恐，深怕因敘事中的邏輯不夠連貫而讓讀者認為我造假。但偶然聽見米蘭達．弗里克（Miranda Fricker）關於「知識不正義」的內容，讓我明白創傷後的「無語可表」是**非常正常**的現象，也隱隱緩解了我的不安。我相信這部分的內容能夠讓和我有同樣恐懼，深怕自己的表述和經驗被曲解、懷疑或不信任的受創者原諒自己。同時，我們也需要更廣大且足夠涵容的語料庫讓受創者的經驗能真實地被傳達並且真正被理解。

知識不正義的基本概念

英國哲學家米蘭達．弗里克所著《知識的不正義：偏見和缺乏理解，如何造成不公平？》一書中，知識不正義（epistemic injustice）主要包含兩個層面：

- 證言不正義（testimonial injustice）：個體所分享的經歷或言論因其社會身分或權力地位受到偏見而被貶低或忽視。最明顯的例子即為女性，其他如階級、種族、國家、宗教，也是經常遭受證言被質疑或輕視的主體。
- 詮釋不正義（hermeneutical injustice）：指的是社會對於某些經驗缺乏適當的概念框架或語言工具，導致這些經驗難以被準確描述和理解。舉例而言，在「性騷擾」一詞被創造出來之前，人們缺乏對身體不當碰觸和語言騷擾的詮釋和概念，致使受害者難以表述自己的經歷（包括感受上的不適以及這種不適為何而來），也難以清楚向他人溝通表達自己的處境。

創傷後語言斷裂與知識不正義的關聯

在我的故事裡，我是在獲知與「病態人格」相關的知識後，才對自己正在經歷的謎團獲得解答。「病態人格」、「操縱」、「情緒虐待」都不是一般存在於女性對親密關係認知的詞彙，當然在真實世界裡碰到的時候，便難以和他人傳達自己的遭遇和感受

（即使很想說明卻說不出來，因為記憶裡並不存在任何相對應的詞彙能夠用來表述這樣的經驗，亦無法用任何邏輯性的解釋說明情人的病態行為），進一步造成不僅他人難以理解甚或質疑，自己也對自身經驗感到疏離而產生自我懷疑的狀態，導致錯失了求助的良機。這是來自說者的困境。

另一方面，就聽者的困境而言，目前整體社會對「病態人格」、「情緒虐待」的認識並不多（有許多讀者或許是在本書第一次聽到），這也造就了整個社會對此類關係中受害者的詮釋不正義：因缺乏對「病態人格」、「情緒虐待」這類的知識概念，致使受害者即便有勇氣說出口，仍無法被社會與周遭他人理解。詮釋不正義的作用容易使受害者被主流體系排拒在外、不信任或噤聲，進而造就受害者僅能擁抱其經驗卻形同孤島的現象。

創傷後的語言斷裂所導致的結果與知識不正義亦同。一是一個人的語言表達本就受其能力影響；如此便不難想像語言弱勢者，如兒童、青少年，亦或是智力和語言能力發展受限的身心障礙者，在歷經不公平的對待或創傷後難以為自身平權的困境。二是巨大的壓力容易使一個人的記憶發生斷裂（可能產生解離、創傷後壓力症候群），並且在承受巨大壓力的情況下無法用語言去表述自己的經驗。在這樣的情況下，人可能因其證言反覆、無法清楚表達事件經過和連貫的情緒，因而遭到否認其證詞。無論是面對暴力或是創傷經驗下的語言缺陷，對個體身心健康或是國家民主發展都具有不利的影響。因此，本書撰寫的一項重點即在於向社會大眾傳達「病態人格」的知識，以及隨之而來的「情緒虐待」、「操縱」，為有相同創傷經驗的人找到能呼應其經歷的語言表述方法和解答（當然也包含自我療癒）。

在父權主宰的社會裡，證言不正義最容易發生在女性的身上。在親密關係裡，女性的某些經驗或感受都可能因社會對女性持有的偏見而被忽視或貶低；最常見的便是將女性的情緒反應詮釋為「過度敏感（想太多）」或「誇張（情緒化）」，讓女性忽視了敏銳的情緒其實正為自己帶來自我保護的警訊，更加劇了女性和自我情感上斷裂的現象。在和少女母親對談的過程中，少女母親亦曾對我說過：「妳若能收斂一下妳情緒不穩這狀況，我相信能改善不少」。在親密關係裡，無論男性多麼顯而易見的誇大事實擺在眼前，女性仍舊避免不了在親密關係裡被細微究責的份。社會對女性持有的偏見之一便是要求女性對失敗的親密關係負責，然而靠著犧牲女性憤怒的權利所換來的和平不應被推崇。

誰有說故事的權利？

最後無法避開的，是對權力的探討。知識與權力是密不可分的；能知，才有得選，而權力的運作又經常取決於社會身分。我很明白如果今天我不是因為專業背景及其伴隨而來的知識與資源，不僅我的故事可能改寫，而我也無法達成我的目的：向世界宣達病態人格的危險性，並幫助更多女子上岸。然而正是因為這個故事來自一個有能力負擔知識，並試圖使用知識穿越謊言的女性，我更相信「知」的力量能夠賦予女性所有權，讓她們在「知」且能辨識的情況下，選擇真正能為自己帶來幸福、能夠平等共處的親密伴侶。我期望詮釋不正義的現象在「病態人格」及相關知識得以散布後，能夠幫助有相同經驗的親密暴力受創者，藉由說出她們的故事回復自己認知主體的尊嚴，包括重建他們本具的價值以及弭平她們所受到的屈辱。

讓知識發揮它既有的正義。儘管我的故事因我的知識專業背景而得以被寫下並傳播，但我期待有一天能夠突破這樣的框架，在權力結構以外讓親密關係受暴者的表述真正的被社會聽見與接納。透過教育和公共討論，創建更具包容性的語言框架，鼓勵開放和支持性的對話環境，並提高對相關知識的認識與敏感度，這些或許能夠逐漸讓聽者和說者站上同一平台，有機會在相同的知識立基點上擁抱彼此。

6. 給專業助人工作者的反思

目前，國內無論是專家或是一般大眾，均缺乏對暗黑特質的認識，而對其中惡意之最的病態人格的瞭解更是少之又少。原因可能來自於病態人格被歸屬於亞臨床情境，未被列入精神診斷準則中，造成專業工作者在指認上的困難。然而，即使未列於精神診斷之中，病態人格的病態行為（如惡意操縱、情緒虐待）對其家人、同事、親密伴侶或孩子造成的心靈危害仍不容忽視。專業工作者**首要的任務是吸收病態人格相關的知識**，協助自身或案主辨識出對方的操縱或虐待行為，以及誠實地承認問題的存在及其嚴重性。本書提供的內容可作為引導對談的輔助工具。

再次強調，本書提供的《病態人格診斷表》與《簡式暗黑四特質量表》並非給一般大眾的診斷工具。然而這兩項測驗提供了一份由專家制定的可參考依據，讓專業工作者或案主能夠透過具體的項目檢視自己或伴侶是否為高暗黑特質者，或是觀察關係中病態行為的徵兆。只要知道的越多，就越有機會遠離病態關係。

病態人格的樣貌變化多端；有結合反社會傾向的暴力型，也有以操弄他人為主的溫和型；有失敗型，也有成功型。這些都加劇了辨識病態人格的困難。病態人格有著變色龍一樣的特質，其自我就像影子一樣模糊，是無法分辨出真實樣貌的「灰色人格」。此外，病態人格容易隱身於集體主義的華人社會中。由於強調關係的和諧以及階級性，受害者經常難以辨識來自權勢不對等的精神操縱，只能流於被剝削和利用的角色。因此，病態人格不僅是個人層次上的行為問題，也與能夠將之包容其中的權力結構有關。

病態人格並非會主動走進治療的類型。相反的，經常是與其相處的受害者遭受了極大的精神痛苦而選擇尋求專業的協助。專業工作者若未具備足夠的先備知識，則可能形成對案主的「詮釋不正義」。在病態人格者蓄意的操縱、欺騙之下必然經歷認知失調，受害者可能呈現出更多的困惑、自我懷疑，甚至難以說明那個和他互動的人「到底是誰」。案主若說不清楚，治療師則可能會和案主一同經歷由病態人格者製造出的迷茫；那正是病態人格希望的結果：難以用語言邏輯陳述自己、說服他人的案主，以及一併感到困惑的專業人員。治療師若能及早預備相關知識，便能加速案主穿越眼前的迷霧。若你的個案正在經歷類似上述敘說經驗的困難，**請將這本書推薦給他**，看看是否能從書中的描述裡找到能夠相應自己經歷和感受的片段。排除掉刻意的謊言和認知、語言能力上的不足，案主的說不清楚有極高可能是遭遇了精神操縱或處於強烈的高壓壓迫。治療師此刻的同理接納、協助梳理，能夠為案主釐清思緒、緩解焦慮帶來極大的幫助。

要特別注意的是，許多與病態人格者交手的案主會出現自殺的傾向。當案主不被一般社會大眾甚至是專業人員理解，這種主體經驗不被肯認、接納的絕望不僅剝奪、排擠了他們的生存，還可能形成自殺意念。專業工作者需留意並監測案主的自殺風險；若察覺到可能的自殺，請**直接詢問**案主。對於與病態人格者交往必然會經歷的社會孤立現象，專業工作者應協助案主**重新建立與社會的連結**以降低自殺風險。

在真實病態人格案例的自白中，也有人描述自己「根本就是瘋子」。專業工作者必須確切的認知到，**這世界上就是有人跟你不同**。若以目前已知的盛行率約百分之二到四而言，台灣社會至少存在約四十六萬的病態人格者。也就是說，你所認識的每一百個人裡面，可能就有兩個人為病態人格。機率突顯了在現實生活中的危險性，每個人都有可能碰到病態人格。海爾博士建議最好的方法就是避免一開始就和他們打上交道。若在治療或諮商過程中發現案主所陳的對象有言行不一致、病態說謊或操縱行為，請務必盡早與督導核對。根據專家建議，病態人格者的治療者必須是熟知病態人格特徵、受過充分訓練的專家；不會輕易迎合、被操縱和受騙是必要條件。

針對家中育有青少女的家長們，更應瞭解這類病態渣男如何使用各種網路詐騙和話術誘拐，一步一步接近自己家中的孩子，讓她們離開父母的安全守備範圍。學校的輔導人員亦同，要慎防學生所經歷的，不僅是單純的詐騙，而是經過精密設計的精神操縱。

共享資源

這邊列出在曾經幫助過我的資源。願妳在自我救贖的道路上成功甩開渣男！

❖相關參考書籍

病態人格相關書籍

- 珍・維特，《當愛變成了情感操縱：從病態關係出走，找回自信與自在》（商周）
- 凱文・達頓，《非典型力量：暗黑人格的正向發揮，不受束縛的心理超人》（大牌）
- 瑪莎・史圖特，《4％的人毫無良知 我該怎麼辦？》（商周）
- 蘇珊佛沃，唐娜費瑟，《為什麼他說謊，卻毫無罪惡感：看清愛人的謊言，化心痛為重生力量》（寶瓶文化）
- 王倖鋼，《渣男，病態人格：精神科醫師剖析7種人格違常渣男，遠離致命愛情》（寶瓶文化）
- 中野信子，《病態人格：是藏著惡意的善良，還是富有魅力的瘋狂？》（究竟）

■羅伯特．海爾，《沒有良知的人：那些讓人不安的精神病態者》（遠流）

■M. E.湯瑪士，《反社會人格者的告白：善於操控人心、剝削弱點的天才》（筆鹿工作室）

■加藤諦三，《自尊與依戀的愛情心理學：為什麼我們總是愛上不該愛的人》（世潮）

■原田隆之，《病態人格心理學：與死囚共存的犯罪心理學權威，告訴你「無良基因」的真相》（方言文化）

■詹姆斯．法隆，《天生變態：一個擁有變態大腦的天才科學家》（三采）

■傑克森．麥肯錫，《毒型人格的惡情人：30個警示，看穿心理變態的完美偽裝》（高寶）

■湯瑪斯．埃里克森，《無良這種病：瑞典行為科學家教你利用DISA性格學，徹底擺脫病態人格者的暗黑操控》（時報）

■馬克．佛里史東，《創造一個心理病態：七種最危險的黑暗心靈》（漫遊者文化）

情緒操弄弄、虐待

■朗迪．班克羅夫特，《他為什麼這麼做？為什麼他上一秒說愛，下一秒揮拳？親密關係暴力的心理動機、徵兆和自救》（大家出版）

■黛博拉．維納爾，《情緒操縱：揭開最惡質的煤氣燈效應，拯救自己並重建正常關係的療癒7步驟，脫離欺騙、貶低、洗腦的有毒關係》（境好出版）

第三者

- 埃絲特·沛瑞爾，《第三者的誕生：出軌行為的再思》（時報出版）
- 蘿芮·理查森，《夾縫中的女人》（寶瓶文化）

自殺防制

- 羅里·奧康納蘿，《我不是想死，我是想結束痛苦》（麥田）

知識不正義

- 米蘭達·弗里克，《知識的不正義：偏見和缺乏理解，如何造成不公平？》（八旗文化）

❖心理諮商資源

- 心田心理諮商所——臺師大社區諮商中心
- 毛蟲藝術心理諮商所
- 中崙諮商所
- 華人心理治療基金會
- 財團法人張老師基金會
- 各大專院校學輔中心、各工作單位員工協助方案（EAP）方案

❖法律諮詢服務

- 中華民國法務部 法律諮詢資源 https://www.moj.gov.tw/2204/2473/2487/10499/

- 婦女新知基金會
- 鄉鎮市區公所、里民服務中心
- 議員服務處

❖自殺防制相關資源

- 台灣自殺防制學會 https://www.tsos.org.tw/
- 台北市政府自殺防治中心 https://tspc-health.gov.taipei/
- 馬偕醫院自殺防治中心
- 社團法人台灣失落關懷與諮商協會
- 衛福部心理衛生中心
- 各大醫院的心理衛生科或精神科
- 生命線協談專線：1995
- 張老師專線：1980
- 24小時安心專線：1925
- 婦幼保護專線：113

**如果情況危急，可直接前往醫院急診或心理衛生科、精神科求助，接受專業的醫療補助和心理治療。

參考文獻

作者的話

Hare, R. D. (1980). A research scale for the assessment of psychopathy in criminal populations. *Personality and Individual Differences, 1,* 111–119. https://doi.org/10.1016/0191-8869(80)90028-8

Muris, P., Merckelbach, H., Otgaar, H., & Meijer, E. (2017). The malevolent side of human nature: A meta-analysis and critical review of the literature on the dark triad (narcissism, Machiavellianism, and psychopathy).*Perspectives on Psychological Science,12*(2), 183–204. https://doi.org/10.1177/1745691616666070

Paulhus, D. L., Buckels, E. E., Trapnell, P.D., & Jones, D. N. (2020). Screening for dark personalities: The Short Dark Tetrad (SD4). *European Journal of Psychological Assessment.* https://doi.org/doi:10.1027/1015-5759/a000602

第二部

林尹筑（2022）。曾有自殺意念者對媒體鼓勵求助訊息的感受：調查研究。國立臺灣大學健康行為與社區科學研究所碩士論文。

Riggio, R. (2014). How are men's friendships different from women's. Psychology Today.

附錄

Bagshaw, R., Gray, N. S., & Snowden, R. J. (2014). Executive function in psychopathy: The tower of london, brixton spatial anticipation and the hayling sentence completion tests. *Psychiatry Research, 220*(1-2), 483-489. https://doi.org/10.1016/j.psychres.2014.07.031

Cleckly, H. M. (1941). *The mask of sanity: An attempt to reinterpret the so-called psychopathic personality*. C.V. Mosby. https://doi.org/10.1037/h0053042

Dazzi, T., Gribble, R., Wessely, S., & Fear, N. T. (2014). Does asking about suicide and related behaviours induce suicidal ideation? What is the evidence? *Psychological Medicine, 44*, 3361–3.

Franklin, J. C., Ribeiro, J. D., Fox, K. R., Bentley, K. H., Kleiman, E. M., Huang, X., Musacchio, K. M., Jaroszewski, A. C., Chang, B. P., & Nock, M. K. (2017). Risk factors for suicidal thoughts and behaviors: A meta-analysis of 50 years of research. Psychological Bulletin, 143, 187–232.

Goodboy, A. K., & Martin, M. M. (2015). The personality profile of a cyberbully: Examining the dark triad. *Computers in Human Behavior, 49,* 1–4. https://doi.org/10.1016/j.chb.2015.02.052

Heritage, A. J., & Benning, S. D. (2013). Impulsivity and response modulation deficits in psychopathy: Evidence from the ERN and N1. *Journal of Abnormal Psychology, 122*(1), 215-222. https://doi.org/10.1037/a0030039

Jonason, P. K. (2015). How "dark" personality traits and perceptions come together to predict racism in Australia. *Personality and Individual Differences, 72,* 47–51. https://doi.org/10.1016/j.paid.2014.08.030

Jonason, P. K., Li, N. P., & Buss, D. M. (2010). The costs and benefits of the Dark Triad: Implications for mate poaching and mate retention tactics. *Personality and individual differences*, *48*(4), 373-378.

Jonason, P. K., Li, N. P., Webster, G. W., & Schmitt, D. P. (2009). The Dark Triad: Facilitating short-term mating in men. *European Journal of Personality, 23*, 5–18. https://doi.org/10.1002/per.698

Jonason, P. K., Valentine, K. A., Li, N. P., & Harbeson, C. L. (2011). Mate-selection and the Dark Triad: Facilitating a short-term mating strategy and creating a volatile environment. *Personality and Individual Differences, 51*, 759 –763. https://doi.org/10.1016/j.paid.2011.06.025

Jones, D. N. (2014). Risk in the face of retribution: Psychopathic individuals persist in financial misbehavior among the dark triad. *Personality and Individual Differences, 67,* 109–113. https://doi.org/10.1016/j.paid.2014.01.030

Lantrip, C., Towns, S., Roth, R. M., & Giancola, P. R. (2016). Psychopathy traits are associated with self-report rating of executive functions in the everyday life of healthy adults. *Personality and Individual Differences, 101*, 127-131. https://doi.org/10.1016/j.paid.2016.05.051

Nathanson, C., Paulhus, D. L., & Williams, K. M. (2006). Predictors of a behavioral measure of scholastic cheating: Personality and competence but not demographics. *Contemporary Educational Psychology, 31*(1), 97–122. https://doi.org/10.1016/j.cedpsych.2005.03.001

Newman, J. P., & Lorenz, A. R. (2003). *Response modulation and emotion processing: Implications for psychopathy and other dysregulatory psychopathology.* In R. J.

Davidson, K. R. Scherer, & H. H. Goldsmith (Eds.), *Series in affective science. Handbook of affective sciences* (p. 904–929). New York: Oxford University Press.

Newman, J. P., Schmitt, W., & Voss, W. (1997). The impact of motivationally neutral cues on psychopathic individuals: Assessing the generality of the response modulation hypothesis. *Journal of Abnormal Psychology, 106*, 563–575. https://doi.org/10.1037//0021-843x.106.4.563.

O'Connor, R. C., & Nock, M. K. (2014). The psychology of suicidal behaviour. *Lancet Psychiatry, 1,* 73–85.

Skovran, L. C., Huss, M. T., & Scalora, M. J. (2010). Sexual fantasies and sensation seeking among psychopathic sexual offenders. *Psychology, Crime and Law, 16*(7), 617–629. https://doi.org/10.1080/10683160902998025

Snowden, R. J., Gray, N. S., Pugh, S., & Atkinson, G. (2013). Executive function as a function of sub-clinical psychopathy. *Personality and Individual Differences, 55*(7), 801-804. https://doi.org/10.1016/j.paid.2013.06.016

Tillem, S., Brennan, G., Wu, J., Mayes, L., & Baskin-Sommers, A. (2019). Alpha response reveals attention abnormalities in psychopathy. *Personality Disorders: Theory, Research, and Treatment, 10*(3), 291-296. https://doi.org/10.1037/per0000314

Tuvblad, C., Bezdjian, S., Raine, A., & Baker, L. A. (2014). The heritability of psychopathic personality in 14-to 15-year-old twins: a multirater, multimeasure approach. *Psychological assessment*, *26*(3), 704.

van Bommel, R., Uzieblo, K., Bogaerts, S., & Garofalo, C. (2018). Psychopathic traits and deviant sexual interests: The moderating role of gender. *International Journal of Forensic Mental Health, 17*(3), 256–271. https://doi.org/10.1080/14999013.2018.1499684

Viding, E., Blair, R. J. R., Moffitt, T. E., & Plomin, R. (2005). Evidence for substantial genetic risk for psychopathy in 7-year-olds. *Journal of Child Psychology and Psychiatry*, *46*(6), 592-597.

Visser, B. A., Debow, V., Pozzebon, J. A., Bogaert, A. F., & Book, A. (2015). Psychopathic sexuality: The thin line between fantasy and reality. *Journal of Personality, 83*(4), 376–388. https://doi.org/10.1111/jopy.12110

Zeier, J. D., Maxwell, J. S., & Newman, J. P. (2009). Attention moderates the processing of inhibitory information in primary psychopathy. *Journal of Abnormal Psychology, 118*(3), 554–563. https://doi.org/10.1037/a0016480

心靈工坊 PsyGarden
Caring 106

你以為你在談戀愛，其實你在越級打怪
戀上病態人格者的自救與療癒之路

Loving the Unlovable: A Self-healing Journey from a Relationship with a Psychopath

森女慈慈——著

出版者—心靈工坊文化事業股份有限公司
發行人—王浩威　總編輯—徐嘉俊
執行編輯—趙士尊　封面設計—黃怡婷
內頁排版—龍虎電腦排版股份有限公司
通訊地址—10684 台北市大安區信義路四段 53 巷 8 號 2 樓
郵政劃撥—19546215　戶名—心靈工坊文化事業股份有限公司
電話—02）2702-9186　傳真—02）2702-9286
Email—service@psygarden.com.tw　網址—www.psygarden.com.tw

製版・印刷—彩峰造藝股份有限公司
總經銷—大和書報圖書股份有限公司
電話—02）8990-2588　傳真—02）2990-1658
通訊地址—248 新北市新莊區五工五路二號
初版一刷—2025 年 2 月　ISBN—978-986-357-419-4　定價—380 元

國家圖書館出版品預行編目資料

你以為你在談戀愛，其實你在越級打怪 / 森女慈慈著 . -- 初版 . -- 臺北市：心靈工坊文化事業股份有限公司, 2025.02
面；　公分 . -- (Story ; 32)
ISBN 978-986-357-419-4（平裝）

1.CST: 兩性關係　2.CST: 心理病態人格　3.CST: 心理治療

544.7　114000094